luftschacht

WORTLAUT 23. SCHARF

Der FM4 Kurzgeschichtenwettbewerb. Die besten Texte.

Herausgegeben von
Zita Bereuter & Claudia Czesch

Luftschacht Verlag

© Luftschacht Verlag – Wien 2023
luftschacht.com

Einzelrechte © jeweils bei den Autor*innen
Herausgegeben von Zita Bereuter und Claudia Czesch.

Die Wahl der angewendeten Rechtschreibung obliegt dem/der jeweiligen Autor*in. Layout- und Formatvorgaben der einzelnen Texte wurden in der Regel beibehalten.

Covergestaltung: Tessa Sima – *tessasima.at*
Korrektorat: Raffael Leitner
Satz: Luftschacht, gesetzt aus der Metric und der Noe

Druck und Herstellung: druck.at

Gefördert von der Stadt Wien Kultur.

ISBN: 978-3-903422-38-4
ISBN E-Book: 978-3-903422-44-5

Inhalt

VORWORT HERAUSGEBERINNEN

Zita Bereuter, Claudia Czesch 7

„Mit dem Wortlaut fing alles an"

PLATZ 1

Janett Lederer 13

Tigerbalsam ist mein safe place, weil da riecht es zumindest frisch

PLATZ 2

Nikolai Köhle 25

Abinseln

PLATZ 3

Elisa Past 41

Fangirling über den Typen vom Edeka Pfandflaschenautomaten

PLATZ 4 (in alphabetischer Reihenfolge)

Stefan Baier 63
Liebe lieber modern

Ekaterina Heider 81
Die Tage mit Steffi

Martin Peichl 95
Von der Angst, die menschliche Sprache zu vergessen

Mario Petuzzi 111
Messer, Gabel, Schere, Licht

Barbara Pfeiffer 123
Jalapeño-Hitze

Lorena Pircher 139
Zungen

Mario Schemmerl 149
Der bessere Ort

DIE HERAUSGEBERINNEN
Zita Bereuter, Claudia Czesch 167

„Mit dem Wortlaut fing alles an"

Es ist ein schönes Gefühl, wenn eine Idee aufgeht. Wenn sich ein Projekt genau so entwickelt, wie man sich das ursprünglich nicht nur vorgestellt, sondern erträumt hat.
Wortlaut, der FM4 Kurzgeschichtenwettbewerb, wollte immer eine Plattform für Nachwuchsautor:innen sein. Eine Art Sprungbrett sein. Ihnen eine erste Öffentlichkeit bieten. Dass das gelungen ist, hat das Jahr 2023 mehrfach gezeigt.

„Mit dem Wortlaut fing alles an", erklärt **Marcus Fischer**. 2015 schrieb er bei Wortlaut den besten Text. „Für mich war der Preis ja wirklich eine Initialzündung, ich weiß nicht, ob ich ohne diese Bestätigung durchgehalten hätte", meint er 2023, nachdem er mit seinem Debütroman *Die Rotte* den **Rauriser Literaturpreis** gewonnen hat.

„Ja, tatsächlich war Wortlaut so der Einstieg in die Literaturszene", sagt **Anna Felnhofer**. 2018 war sie unter den besten Zehn. Das habe ihr „einen Riesen-Boost gegeben für das weitere Schreiben." Beim Wettlesen um den Ingeborg-Bachmann-Preis wurde die Psychologin und Schriftstellerin im Sommer 2023 mit dem **Deutschlandfunkpreis** ausgezeichnet. (Ein Punkt nur fehlt ihr auf den Bachmannpreis.)

Ebenfalls beim Wettlesen um den Bachmannpreis mit dabei ist **Mario Wurmitzer**. „Wortlaut war auch wichtig." Er war 2013 und 2016 unter den

„Großen Zehn". An Wortlaut war für ihn wichtig, „dass auch Aufmerksamkeit für literarische Texte erzeugt wird. Und dass man bestärkt wird im eigenen Schreiben."

Luca Kieser überzeugte vor zwei Jahren die Jury mit seiner Kurzgeschichte *Chemie*. Damals schrieb er bereits an einem Roman. Der Wortlautgewinn war für das Weiterschreiben bedeutend. „Weil das war ganz schön motivierend. Ich habe sehr viel schneller zu Ende geschrieben, als ich gedacht hätte. Die erste Rohfassung des Manuskripts war dann schon so im Frühjahr 2022, also drei, vier Monate später, fertig." Sein Debütroman *Weil da war etwas im Wasser* kam auf die **Longlist für den Deutschen Buchpreis** – also für den besten deutschsprachigen Roman des Jahres.

2023 ist **Didi Drobna** in der Wortlautjury. Mit Anfang Zwanzig fängt sie an zu schreiben und schickt ihre Kurzgeschichten bei Wortlaut ein. „Das war ein paar Jahre hintereinander immer ein Fixpunkt meiner eigenen produktiven Schreiberei." Bei ihrer dritten Teilnahme, 2012, gewinnt Didi Drobna den 3. Platz.
„Ich kann es gar nicht in Worten ausdrücken, wie wichtig und wegbereitend das für mich war. Wofür ich den FM4 Wortlaut Literaturwettbewerb immer geschätzt habe, war, dass er ein bisschen abseits dieses regulären, leicht verstaubten Literaturbetriebs sehr ernsthaft über Literatur diskutiert hat, aber auch sehr offen und zugänglich und sehr divers war. Das fand ich immer großartig und das zeigt sich auch zum Beispiel daran, dass wirklich jedes Jahr viele Leute ins Finale kommen – und unter die Top 20 oder sogar unter die Top zehn oder auch vielleicht unter die ersten drei Plätze –, die noch nie vorher etwas veröffentlicht haben. Und das, finde ich, zeichnet dann FM4 Wortlaut massiv aus und zeigt, wie durchlässig er ist und wie offen die Jury ist für neue Ideen, für neue

Schreiberei. Das ist, finde ich, einzigartig im deutschsprachigen Raum." Das finden wir auch. Und damit hoffen wir, dass wir von einigen in dieser Anthologie versammelten Autor:innen noch viel lesen und hören werden.

„Okay But No"
Rund 600 Texte zum Thema „scharf" erreichten Wortlaut, den FM4 Kurzgeschichtenwettbewerb. Herzlichen Dank an dieser Stelle allen teilnehmenden Autorinnen und Autoren!

Alle Einsendungen wurden mehrfach gelesen, kommentiert, weitergereicht. Diese enorme Lesearbeit erledigt die redaktionelle Vorjury. Heuer waren das die FM4-Redakteur:innen Jenny Blochberger, Barbara Köppel, Conny Lee, Maria Motter, David Pfister, Lena Raffetseder, David Riegler, Lisa Schneider und Simon Welebil, Jürgen Lagger vom Luftschacht Verlag sowie die beiden Herausgeberinnen Zita Bereuter und Claudia Czesch. Es waren „scharfe" Lesestunden. Und das lag nicht an den zugegeben häufigen Texten über Chilis und scharfe rote Kleider … Letztlich konnte sich die Vorjury auf zwanzig Texte für die Longlist einigen. Aus diesen hat dann die Jury die besten zehn Kurzgeschichten ausgewählt – die sind in diesem Buch gesammelt.

In der Jury waren heuer Didi Drobna (Schriftstellerin), Elias Hirschl (Autor und Musiker), Anna Mabo (Musikerin und Regisseurin), Eva Scheidweiler (Gewinnerin Wortlaut 2022) und Michael Stavarič (Autor und Übersetzer). Sie alle haben ohne Honorar ihre Zeit und Engagement in das mehrfache Lesen der Texte und in die Jurysitzung gesteckt und das, obwohl sie in dieser Zeit viele andere Projekte und Aufträge hatten. Hier ein kleiner Einblick in das Schaffen der Jury:

Didi Drobna leitet hauptberuflich die Wissenschaftskommunikation für ein Informatik-Forschungszentrum in Wien. 2023 erhält sie den Förderungspreis der Stadt Wien für Kultur und Wissenschaft.

Elias Hirschl ist 2023 Stadtschreiber in Klagenfurt (nachdem er 2022 beim Wettlesen um den Bachmannpreis den Publikumspreis gewonnen hat), daneben schreibt er für eine Performance für das Volkstheater Wien quasi alle Texte dort ab („Das Volkstheater abschreiben") und schafft ein Musical über Bodenbeläge – ja, richtig gelesen. Daneben viele Auftritte mit seiner Band „Ein Gespenst". Außerdem schreibt er an seinem neuen Roman, der im Jänner 2024 erscheint.

Anna Mabo führt im Frühjahr 2023 am Volkstheater in München Regie bei *europa flieht nach europa*, im Sommer kuratiert sie das Popfest in Wien und ihr drittes Album *Danke, gut* erscheint. Auch das verbunden mit vielen Auftritten.

Eva Scheidweiler ist selbständige Grafikerin und schreibt, motiviert durch den Wortlautgewinn im Vorjahr, jetzt mehr. „Schreiben ist fast zu einem täglichen oder zweitäglichen Begleiter geworden und da hat der Wortlaut einen Riesenanteil dran oder eigentlich den Hauptanteil."

Michael Stavarič veröffentlicht 2023 gleich vier Bücher in unterschiedlichen Genres. Der Roman *Das Phantom*, das Kindersachbuch *Faszination Qualle* und das *Weihnachtsbuch für Naturfreaks – Tierisch wilde Weihnachten* sowie den Gedichtband *Die Suche nach dem Ende der Dunkelheit*. Am dritten Band seiner erfolgreichen Kindersachbuchserie über das Leben im Meer schreibt er aktuell – *Faszination Haie* erscheint im Februar 2024.

Kurzum – die Jury ist vielbeschäftigt und hat viel zu tun und kam dennoch bestens vorbereitet zur Sitzung. „Okay But No" stand nicht zufällig auf dem T-Shirt von Didi Drobna. Alle zwanzig Kurzgeschichten wurden besprochen. Bei einigen wenigen war die Diskussion eher kurz, häufig waren die Meinungen und Wertungen unterschiedlich. Freundlich und respektvoll konnte sich die Jury schließlich auf die vorliegenden Texte einigen. Bei **Platz 3** imponierte etwa „eine obsessiv gedankliche Achterbahn mit Sprachoriginalität auf metaphorischer Ebene", **Platz 2** „verbindet auf wirklich sehr minimalistische Weise Liebe und Tod, ganz riesige Themen und kommt ohne viel übermäßige Erklärungen aus." Bei **Platz 1** lobte die Jury den Humor. „Eine Geschichte, die mich maximal gut unterhalten und amüsiert hat."

In diesem Sinn danken wir der Jury und wünschen viel Freude bei der Lektüre.

Die Herausgeberinnen
Zita Bereuter und Claudia Czesch

Portraits zur Jury und alle Info zu Wortlaut, dem FM4 Kurzgeschichtenwettbewerb sind auf *fm4.orf.at/Wortlaut*

Tigerbalsam ist mein safe place, weil da riecht es zumindest frisch

Janett Lederer

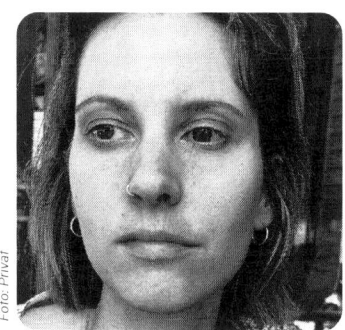

Foto: Privat

* 1989 mit deutsch-ungarischer Staatsbürgerschaft in Passau. Nach einem Drehbuch-Studium an der Filmakademie Baden-Württemberg lebt sie mittlerweile in Berlin und schlägt sich als unverfilmte Drehbuchautorin, Redakteurin für Reality-Shows und Kellnerin durch.

Es ist 19 Uhr 30 und zu dieser Jahreszeit muss ich noch fast zwei Stunden mit einer zeitschindenden Aktivität verbringen, bevor ich ins Bett gehen kann. Draußen sitzen sie auf den Balkonen zusammen und lachen. Man geht nur vor Sonnenuntergang ins Bett, wenn man krank ist, oder lebensmüde. Ich würde mich eher als tagesmüde begreifen. An sich habe ich nichts gegen das Leben, wir beide haben uns in letzter Zeit eben nur nicht so viel zu sagen. Ähnlich einer Wohngemeinschaft, in der Zimmer separat vermietet werden und man sich dann aus Versehen in der Küche trifft, weil sich die Kochzeiten unangenehmerweise überschnitten haben und man aus Versehen schon mit seinen Einkäufen die Küche betritt, während der andere schon Zwiebeln schneidet und man dann nicht mehr rauskommt aus der Nummer und dann ganz froh ist, wenn einer auf die Idee kommt über den intermittierenden Smalltalk einen Podcast über wissenschaftliche Mythen oder so laufen zu lassen. Dann kann man ab und zu sowas sagen wie: „Irre, dass Spinat gar nicht so viel Eisen hat. Haha, dann hatte Popeye wohl unrecht." Das „Haha" wird natürlich auch ausgesprochen, weil das alles so unangenehm ist, dass das Zwerchfell zu blockiert ist, um ein echtes Lachen zuzulassen. Ob es trotzdem eine gute Idee war, allein in eine Zweizimmerwohnung in eine Stadt zu ziehen, in der ich niemanden kenne und zusätzlich dazu auch Podcasts nicht zu mögen, scheint mir mittlerweile fragwürdig. Ich dachte, so macht man das, wenn man beschließt „sich selbst allein genug zu sein." Ich rufe dafür täglich meine Mutter an, die mein einziger Sozialkontakt ist neben eingeübten Dialogen beim Einkaufen und dem Durchscrollen der Profilbilder von WhatsApp und Telegram, um zu sehen, ob jemand sein Profilbild gewechselt hat, aber ich denke nicht, dass das gilt. Das liegt vielleicht auch daran, dass ich nicht trinken will und ich will mich nicht nüchtern mit Leuten treffen, mit denen ich nicht schlafen will, und Leute, mit denen ich schlafen will, kann ich nur nicht nüchtern kennenlernen, also treffe ich mich lieber mit niemanden. Es fragt sowieso niemand, weil alle mit dem Sommer beschäftigt sind. Meine Mutter sagt, ich soll doch einfach mal ein Glas am Abend trinken, das würde die Stimmung heben. Ich öffne also ein glutenfreies Biobier, das ich mir mit dem Gedanken gekauft habe, dass es in Ordnung sei, sowas alleine zu trinken, weil es so vernünftig scheint. Ich dachte wahrscheinlich, dass selbst, wenn ich es mir finanziell leisten könnte jeden Tag zwei Kästen davon zu trinken, dass es ein freundlicheres, gesünderes Bild ausstrahlen würde, von leeren Flaschen glutenfreiem Biobier umgeben zu sein, als von leeren Bierdosen. Vielleicht auch, weil Dosen derartig eindellen, wenn man sich bewusstlos über sie rollt, dass es schwierig wird sie am Pfandautomaten einlesen zu lassen. „Sich allein mit glutenfreiem Biobier zu besaufen" – hallt in meinem Kopf wider wie eine gängige Redewendung, die sogar in einer Ausgabe von der Geolino mal erklärt worden sein könnte. „Das heißt so viel, wie dass jemand weiß, dass er schon ein Versager ist, sich aber nicht völlig gehen lässt und auf die Umwelt achtet und die Gesundheit, weil er noch etwas Hoffnung hat, dass es besser werden könnte, obwohl es eigentlich aussichtslos ist." Wenn ich sonst über Hoffnung nachgedacht hab, hab ich den Phantomschmerz nicht ausgehalten und den Fernseher eingeschalten, aber ich habe ihn für 80 € verkauft, weil ich dachte, er lenkt mich ab von meinem Leben. Weiß irgendwie nicht mehr genau, was ich damit meinte, vielleicht, dass mir alles andere als Nachmittagsfernsehen bei VOX egal war. Ich schäme mich und rauche dabei, weil das Bier trinken sonst sinnlos wäre, obwohl mein Zwerchfell zu eingeschnappt ist, um mich richtig atmen zu lassen – geschweige denn lachen. Vielleicht bin ich der kochende podcasthörende Zweckmitbewohner in mir selbst, sinniere ich und merke froh, dass das Bier sanft anfängt zu wirken, obwohl es glutenfrei ist. Zwischendrin nehme ich einen Zug aus dem Inhalator, aber ich rauche lieber wieder, das scheint meinem Zwerchfell besser zu gefallen. Ich überlege wieder nach Berlin zu ziehen, meine Mutter sagt, dass ich dann darauf achten müsse, dass die Sonne reinscheint in die Wohnung, sonst wäre ich wieder traurig. Meine Mutter denkt, dass allein mit einem Glas Wein und Sonne keine Traurigkeit in meinem Leben herrschen könnte. Zumindest zucke ich jetzt nicht mehr über jedes Lachen zusammen, das in meine Küche dringt und das, obwohl Mittwochabend ist. Heutzutage lachen sie auch unter der Woche. Ich schaue nicht aus dem Fenster, ich bin ja auch kein Masochist. Stattdessen lache ich lieber zynisch mit, davon bekomme ich aber Magenschmerzen, am Bier kann es ja nicht liegen, weil glutenfrei. Vielleicht liegt es auch an dem Tigerbalsam, den ich mir auf meine Lippen schmiere, weil es so schön brennt. Seit einigen Monaten kann ich ohne Tigerbalsam nicht mehr leben, weil es mich atmen lässt. Nicht metaphorisch gesehen. Ich frage mich, ob ich eigentlich gerade einen Herzinfarkt habe und bin froh, dass meine Mutter konditioniert ist, täglich von mir angerufen zu werden, so werde ich nicht verwesen in der Wohnung zum spätsommerlichen Lachen anderer. Zuverlässig beginnt mein Herz schneller zu schlagen, vielleicht um zu beweisen, wie fit und voller Vitalität es noch ist, ich zünde eine neue Zigarette zu dem letzten Drittel Bier in der Flasche an und muss an meinen Großonkel Lajos mit dem Herzschrittmacher denken. Als er nach der Narkose aufgewacht war und sein optimiertes Herz zuverlässig schlagen hörte, war er zunächst beruhigt, dass er noch lebte. Nach weiteren Minuten fiel ihm auf, dass sein Herz nicht synchron im Takt zum Sekundenzeiger war. Er hielt also die Luft an, dann atmete er schnell, dann wiederum langsamer, dann hustete er, dann trank er etwas Wasser, aber der Herzschlag und die Uhr näherten sich einander nicht an. Und ansonsten gab es auch keine anderen Unterhaltungsangebote in dem Krankenzimmer, abgesehen von der Uhr; die anderen drei Patienten schliefen. Also stand Lajos auf und sprang aus dem Fenster.

Die Ärztin, die ihm den Herzschrittmacher eingesetzt hatte, fand ihn dann, er hatte sich nur das Bein gebrochen, weil es lediglich der zweite Stock gewesen war, aus dem er sich gestürzt hatte, aber sie schrie ihn trotzdem an, weil sie es unverschämt fand, dass er ihre Arbeit nicht respektierte und sich stattdessen aus dem Fenster stürzte, weil warum auch, zum Teufel, dann hätte sie sich die Operation auch sparen können. Und Lajos antwortete:

„Das Ticktick vom Herz und das Ticktack der Zeit kommen nicht zusammen. Wie soll man den Scheiß aushalten?"

Keiner wusste damals was er meinte, und man sagte sich, dass es an der Narkose gelegen haben muss. Lajos lebte noch dreißig Jahre danach und beschwerte sich nicht mehr; ich glaube ich weiß was er meinte.

„So ist das mit mir und der Liebe.", hätte ich ihm gesagt, wenn wir uns mal getroffen hätten, aber er starb vor mir, man sagt aus Kummer, weil sein ältester Sohn sich erhängt hatte am Tag der Hochzeit seiner ersten Liebe, die seinen älteren Bruder gewählt hatte.

Es ist 20 Uhr 30. Immerhin. Ich habe das zweite Bier aufgemacht, nachdem ich die leere Puppenhülle am Rand des Einweckglasdeckels betrachtet habe und dreimal hintereinander in dem Duktus meines untalentierten 16-jährigen Theater-AG-Ichs denke: „Auch Du hast mich verlassen!" indem ich abwechselnd zuerst das „auch", dann das „Du" und dann das „verlassen" betone und dann verärgert bemerke, dass mein innerer

Puppenhüllenmonolog[1] wieder vom Lachen von beisammensitzenden Leuten unterbrochen wird. Umso mehr kann ich mich daraufhin in mein Verlassenwerden von der von mir handaufgezogenen Raupe reinsteigern, die ich in einem Lidl-Brokkoli fand und daraufhin in ein leeres Marmeladenglas zur Pubertät brachte und sowas wie Mutterstolz spürte und mir romantisch vorstellte, wie ich den frischgeschlüpften kleinen Kohlweißling sanft auf meine Fingerkuppe setzen würde und nach Worten wie „Gute Reise, mein Freund!" in die Freiheit entlassen würde. Natürlich schlüpfte er, als ich meinem sogenannten App-Date im Laufe der Nacht einen Kamillentee kochen musste, weil er plötzlich Magenkrämpfe bekam, als wir schon nackt nebeneinander lagen. Er wollte meinen Tigerbalsam nicht, den ich ihm auf die Bauchgegend schmieren wollte. Es sei ihm zu scharf. Ich wusste nicht, ob er sexuell oder olfaktorisch meinte. Vielleicht war es auch in der Nacht, als ich mit dem Typen schlief, der zu alt war, um solchen HipHop wie KIZ zu mögen und mir empfahl, den Satisfyer zu kaufen, weil ich ihm erzählt hatte, dass ich ein Masturbationslegastheniker sei. Er hatte ihn auch damals seiner Freundin geschenkt.

Als dann auch noch der Kohlweißling einfach so abgehauen war, glaubte ich nicht mehr daran, dass ich geliebt werden könnte und habe deshalb gelernt allein zu schlafen. Das geht gut mit Wärmflasche und Baldriantabletten. Aber wenn ich morgens aufwache mit der kalten Wärmflasche im Arm und Sabber auf meinem Kopfkissen, kann ich mich einfühlen, wie es sein muss in

---

[1] Wäre jemand hier, hätte ich es mit dem Wortspiel „Puppetät" versucht – manchmal bin ich froh allein zu sein.

einer lieblosen Ehe gefangen zu sein. Der Tigerbalsam hilft zumindest gegen den abgestandenen Geruch. Man will morgens mit jemand anderen aufwachen. Ich sollte einen Hund adoptieren und hoffen, dass er mich gernhat. Leider verbietet mir das mein Mietvertrag. Also beschließe ich wirklich umzuziehen. Mir fällt auf, dass die einzige Konstante in meinem Leben mein Konto bei der Sparkasse ist, das ich habe, seit ich zwölf bin. Ich habe nie die Bank gewechselt, obwohl sie mir als Einzige kein Handtuch mit meinem Namen eingestickt zur Firmung geschenkt haben, das haben nur die Konfirmanden bekommen; entweder sie hatten was gegen Katholiken oder gegen mich. Kann ich auch irgendwie beides nachvollziehen.

21 Uhr 30. Ich bereue, dass ich nur zwei Bier gekauft habe und finde im Regal eine Piccoloflasche Sekt, die mir mein ehemaliger Zweckmitbewohner zum Geburtstag dagelassen hat. Ich dachte, Piccoloflaschen verschenkt man nicht, sondern trinkt sie in der S-Bahn auf dem Weg zum Berghain, aber der Zweckmitbewohner wird schon wissen was er tut, immerhin ist er Arzt. Es hängt eine kleine Grußkarte daran, auf der steht, dass 1 Milliarde Sekunden 31,8 Jahre entspricht. Ich werde also am 7. Dezember 1 Milliarde Sekunden alt, laut der Grußkarte, die ich etwas fragwürdig finde, aber er ist Arzt, er wird schon wissen was er tut. Meine Mutter hatte mir vorgeworfen, dass ich nicht mal versucht hätte ihn kennenzulernen, vielleicht wäre das was geworden, immerhin sei er Arzt. Ich hebe die Piccoloflasche

auf ihn und die Raupe und trinke. Der Sekt ist lauwarm und draußen lachen sie wieder. Ich trinke den Sekt lauwarm, rauche noch eine Zigarette. Wegen des Tigerbalsams schmeckt sie wie eine Mentholzigarette und das lässt mich an Helmut Schmidt und meine Exfreundin gleichermaßen denken. Beides macht mich traurig, weil der eine tot ist und die andere in Stuttgart, was aufs Gleiche rauskommt für mich. Ich beschließe die nächsten 1 Milliarde Jahre anders zu verbringen. Anders heißt besser, aber genau weiß ich noch nicht, was ich damit meine. Ich hab ja noch Zeit bis zum 7. Dezember. Draußen wird wieder gelacht und ich schaue aus dem Fenster und sage „Ihr wisst ja gar nichts."

Der laue Sommerwind scheint den übermäßig dosierten Tigerbalsam in meinem Gesicht zu aktivieren und mir laufen unkontrolliert Tränen über das Gesicht. Das finde ich eigentlich ganz gut.

Der Nachbar aus dem Erdgeschoss, schaut nach oben zu mir. Er raucht immer am Fenster mit den Unterarmen im Fensterrahmen aufgestützt, immer im Unterhemd, zu jeder Witterung, sodass ich seine verwaschene Tätowierung einer nackten Frau am Unterarm sehen kann. Vielleicht will er ja nicht, dass seine Oberbekleidung nach Rauch riecht. Er sieht immer nach draußen, aber mit einem Gesichtsausdruck, als würde ihn das alles nicht interessieren, mäandernd zwischen Melancholie und Zufriedenheit.

Die Begrüßung folgt eigentlich sonst immer demselben Schema. Ich sage „Hallo." und er antwortet ebenfalls mit einem „Hallo." und je nachdem, wie es uns geht, lächeln wir schief oder nicken dazu nur mit gesenktem Blick.

Heute sagt er stattdessen „Na?" Mittlerweile weiß ich auch, was man wirklich auf ein „Na?" antworten sollte. *„Alles gut."*

Er nickt, als wüsste er, was ich eigentlich damit meine. Heute hustet er. *„Bin krank.",* sagt er entschuldigend. Und ich sage *„Ich werde bald umziehen."*

Und er nimmt einen Zug von der fast aufgerauchten Zigarette und sagt *„Schade."* Darüber freue ich mich und ich reiche ihm meinen Tigerbalsam. *„Das hilft".* Dann nickt er nochmal und schließt das Fenster.

Und ich denke, näher bin ich der wahren Liebe wahrscheinlich nie in meinen ersten Milliarden Sekunden gekommen.

Zumindest ist es jetzt dunkel geworden und ich kann erst mal schlafen gehen. Das geht ja ganz gut mit Wärmeflasche und Baldrian.

Abinseln

Nikolai Köhle

Foto: Rea Puhs

*1992 in Vorarlberg, zum Studium nach Wien. Verfolgt phasenweise gern Projekte unterschiedlichster Art. Lernt ansonsten mit kleineren und größeren Kindern in der Schule, dabei selbst am meisten.
Aktuell: Schreiben und Reisen in wechselhafter Intensität.

Eins lässt sich einen Extrapflätscher vom extrascharfen Senf auftun. So habe ich ihn kennengelernt. Beim Scharfen René. Er tunkt tief und beißt fast die halbe Wurst ab, kaut kaum, bevor er einen Gutteil Bierdose hinterherkippt. Dieses Bild habe ich oft und gern vor Augen. Das hat mich schwer beeindruckt. Aber weniger die Wurst oder der Senf oder Durst, vielmehr der Eins als solcher, wie der da steht und kaut. Und später spricht.

Das einzig Scharfe am René an sich ist, dass er angeblich mal die Tina Turner nass im Bademantel im Zürserhof beim Zimmerservice bedient hat. Das heißt, die Tina Turner war nass im Bademantel, nicht der René. Also wenn das überhaupt der René ist, der da hinter der Budl steht. Das haben wir ihn irgendwann natürlich gefragt, aber weiß man, ob der auch die Wahrheit sagt? Sowas kann man ja eigentlich nie wissen. Mal abgesehen von der Tina-Turner-Geschichte. Gemeint hat er jedenfalls, er ist es. Hat den Stand seit so und so vielen Jahren und der Besitzer davor hat halt zufällig auch René geheißen, deswegen einfach den Stand mitsamt Namen übernommen, nur das Scharf noch hinzugefügt. Und jetzt gibt's beim Scharfen René die extrascharfen Pfefferoni, den extrascharfen Senf, die extrascharfe Currysauce und halt alles, was man sich in scharf nur wünschen kann.

Wir haben das gut gefunden. Also der Eins hat das gut gefunden und ich war seiner Meinung, weil ich mich einfach direkt verliebt hab. Freilich wollte ich trotzdem immer ein bisschen dagegenreden, gegen vieles, was er so erzählt hat. Weil es geht doch nicht, dass das Gespräch jetzt langweilig wird, oder sogar ganz aufhört, habe ich mir gedacht. Deswegen haben wir halb gestritten. Wie man das halt so macht, spätnachts am Würstelstand. Streiten mögen wir. Wegen irgendwas. Haben wir seit diesem Abend immer wieder zusammen gemacht. Um was es gegangen ist, weiß ich nicht mehr genau, das meiste hat mich nicht interessiert, inhaltlich. Interessiert hat mich nur, dass er es war, mit dem ich das besprochen habe.

Die Einsternebewertungen auf Googlemaps haben wir gelesen, zusammen mit dem eventuell echten René, der seine Antworten auf verschiedene Rezensionen selber mit lauter Stimme und viel Pathos zum Besten gegeben hat. Dann Sekt getrunken, massig, weil der ausnahmsweise vorrätig war, sogar nach Sperrstunde, ganz anders als im Netz behauptet.

Ich weiß gar nicht, ob er mich da schon gut gefunden hat, der Eins. Aber es ist dann in gewisser Hinsicht eh halb platonisch geblieben zwischen uns beiden. Zwei hat er mir ja erst viel später vorgestellt. Da könnte man sagen, dadurch, dass wir dann zu dritt waren, waren wir nur halb zu zweit. Oder gedrittelt zu zweit, ich weiß es nicht.

Und Zwei, mit Foto, leuchtet da jetzt an meinem Handybildschirm auf, Jahre später, ganz weit weg vom

Scharfen René, so weit weg, dass das einzig Vertraute die Schärfe ist, die sich hier kulinarisch nicht wegdenken lässt. Eins und ich sind auf die Insel geflogen, ziemlich schnell, nachdem er die Nachricht bekommen hat, der ganze Freundeskreis noch in einer Schockstarre, aus der er sich nur langsam und träge gelöst hat, um dann in ein umso heftigeres Toben zu verfallen. Aber da war es schon zu spät, um den Eins und mich noch zu erwischen, die wir einfach den nächsten Rausch genutzt haben, um nicht nur kurz im Club, sondern gleich nach viel weiter weg abzuheben.

Verbrannte Erde, verbrannte Erde, schreit Zwei ins Telefon, oder zumindest ist es das, was ich verstehe, Internet ist hier eher schlecht. Ich muss schmunzeln. Aber nur innerlich. Auf der Insel ist das vollkommen anders, hier brauchst du ein Zähnelachen, kein Mundwinkellächeln und schon gar kein In-dich-hinein-Schmunzeln. Aber am Telefon geht das. Vor allem wenn Zwei so einen Blödsinn redet. Verbrannte Erde. Was soll das überhaupt heißen. Auch Zwei hab ich lieb. Aber wenn's um den Eins geht, dann kenne ich nichts. Kann sein, dass er nicht so ganz bei Sinnen war, als ich uns ins Flugzeug gesetzt habe. Normal nach so einer Nacht. Aber davor war er plötzlich ganz Feuer und Flamme für meine Idee, alles hinter uns zu lassen und abzudüsen, Urlaubs- und Entdeckungsreise auf den letzten Metern. Der Behindertenausweis hat freilich auch geholfen für die ewigen Kontrollen. Eins ist eigentlich nicht wirklich behindert, er geht nur ein bisschen komisch. Aber praktisch, das steht da gar nicht so genau drauf auf dem Ausweis, dann kann man den in einen Rollstuhl setzen, wenn er gar nicht so ganz wach ist, durch den ganzen Flughafen, ins Flugzeug und auf eine ferne Insel schieben, ohne dass das wen interessiert. Alle schauen ein bisschen beschämt, aha, so ein behinderter Sabbernder im Rollstuhl, der Arme, gemein ist das, was soll's, gut dass es nicht mich erwischt hat. Das denken sie sich und winken einen durch, von Wien an der Donau bis Mitt Pheap im Südchinesischen Meer.

Ich habe ihm das die Tage davor schon schmackhaft zu machen versucht. Eins muss mit, habe ich mir gedacht. Eins möchte auch mit. Damit diese Zeit die beste seines Lebens wird. Ich habe mir einen Plan gemacht. Die Insel habe ich gefunden, man liest so dies und das. Die große neue Offenheit nach dem ganzen Desaster, das ist doch was für Eins. Geschichte und Blut interessieren ihn auch, also was kann er sich Schöneres vorstellen. Ich habe Eins zu mir eingeladen, ihm ein Bier in die Hand gedrückt, ihn auf die Couch gesetzt, den Beamer angemacht und meine Powerpointpräsentation vorgetragen. Eins ist müde. Geschwächt. Er hustet oft und raucht viel. Ich kann mir gar nicht vorstellen, jemals ohne dieses Husten sein zu müssen.

Der Qualm leuchtet im Projektorlicht und ich doziere. Erst mal Historisches: die „Entwicklungsoffensive", die Umsiedelungen, den Intellizid, viel Auslöschung, die sehr späte internationale Geißelung, noch später Phönix aus der Asche. Dann Kulturelles: das Fingertheater, die Klopfmusik, die Rauschfreudigkeit. Auch Naturschönheiten: Wasserfälle, Strände, Wälder. Letztlich Vergnügungsmöglichkeiten: Partytempel, Spielcasinos, Rotlicht.

Eins ist nicht von Anfang an so begeistert, wie ich mir das vorgestellt hätte. Blass hüstelt er in sich hinein und kratzt die alte Wunde am linken Unterarm, die nie abheilt. Ganz in sich zusammengesunken, fast verschluckt von seinem viel zu großen Hemd, streift er sich die fleckige Hornbrille immer wieder hoch über die Stirn ins fettig-schwitzige Haar. Er reibt sich die Augen und lässt die Brille zurück über die dünnen Augenbrauen auf die Nase rutschen. Dann hüstle ich auch ein bisschen, verlegen, setze mich zu ihm und rauche mit. Er macht sich Sorgen um mich, sagt er. Ich weiß nicht, was er meint. Schließlich mache ja *ich* mir Sorgen um *ihn*. Und alle anderen auch. Die anderen... Die muss man ja gerade loswerden, mit all ihren Sorgen, mit ihren Ratschlägen, Tipps und Einmischungen. Reicht, wenn ich mich um ihn sorge. Und auch für ihn. Ich bitte ihn, mit mir zu gehen. Er nimmt einen Schluck, einen kleinen nur für seine Verhältnisse, nicht wie früher, als ein Schluck ein halbes Glas war, und denkt nach. Beim Nachdenken verkrümmt sich seine Sicht auf eine ganz besondere Weise. Also irgendwie macht der Blick eine Kurve oder so, die Augen bewegen sich gegeneinander und verschwinden fast in seinen Gedanken.

Eins ist dann aber eben doch mit, hat sein Handy verloren in der letzten Nacht im Club, das passiert ihm öfter beim Feiern. Ist natürlich blöd für die anderen, da kann er jetzt nicht Kontakt halten mit denen. Andererseits wollte er sich ohnehin freimachen von all der Kommunikation. Da braucht er gar kein Handy, hat er gemeint, erst mal Abstand. Mir kommt aber auch vor, er weiß gar nicht mehr so genau, dass er an diesem wilden Abend dann doch unbedingt mit mir nach Mitt Pheap fliegen wollte und einmal hat er sogar gedacht, sein Telefon bei mir im Rucksack klingeln zu hören. Den hatte ich schon dabei, den Reiserucksack, für Eins mussten wir später noch einen besorgen, der wusste eben nicht so genau, was kommt. Oder wann. Niemand weiß doch, was passiert, mit der Diagnose. Oder eigentlich weiß man das ziemlich genau, darum ist es so wichtig, dass wir beide jetzt auf dieser wunderschönen Insel sind, ganz weit weg von allen anderen. Die regen ihn nur auf. Das kann er jetzt nicht gebrauchen, muss sich ja auch erst einmal einfinden in die neue Situation. Ist zwar nicht für lange. Also nicht nur die Situation oder der Urlaub oder irgendwas, sondern alles so insgesamt für ihn. Nicht mehr lange.

Deshalb trinken wir und machen uns eine gute Zeit. Wenn Zwei anruft, drücke ich weg, oder, wenn ich allein bin, weil es Eins schlecht geht, hebe kurz ab, um zu hören, wie dringend Zwei bei Eins sein will, damit ich umso tiefer spüren kann, wie gern ich selber bei Eins bin.

Wenn Zwei ihn nicht mehr sehen kann, dann werde ich das büßen müssen. Oder dafür bezahlen. Zwei wird gern theatralisch bei diesen Telefonaten. Übertreibt ein bisschen. Mag sein, dass ich nochmal zurückkomme. Wenn du abgerichtete Tauben hast, weiß ich von Eins, dann muss das Weibchen eingesperrt sein, weil das Männchen immer zum Weibchen zurückkommt, da kannst du es fliegen lassen, solange du willst, passiert nix. Wenn du das Weibchen freilässt und das Männchen einsperrst, taucht die nie mehr auf, kannst du abschreiben.

Ich werde mich dann stellen. Dem Freundes-Tribunal. Da trudeln täglich hundertfache Anschuldigungen ein, was ich nicht alles mit dem Eins anstelle, dass der zurück muss, dass man sich um ihn kümmern muss, dass ich ernsthafte Probleme bekommen werde, nicht nur privat. Ich lese das alles gar nicht mehr. Die Leute haben Vorstellungen. Stattdessen mit Eins am Pool. Trinken. Eins trinkt auch, aber er kann nicht mehr so gut, das ist höchstens noch ein Schlürfen. Damit ziehe ich ihn ein bisschen auf, das ist lustig. Ansonsten reden wir über Gott und die Welt, das Leben und das Sterben, und er macht mir einen ganz guten Eindruck. Gestern hatte er Kopf- und Herzgedanken, da waren wir in einer Art Museum. Gut gemacht, ganz schön schaurig. Schlimm, was den Inselmenschen da angetan wurde, ich weiß gar nicht, waren es die Holländer, die Spanier, die Portugiesen, die Franzosen, die Briten oder doch die Amerikaner, die sich da so aufgeführt haben? Richtige Schweine. Wir haben diskutiert, der Eins und ich, ob man's dem Russen wirklich so übelnehmen kann. Ein paar Jahrzehnte später halt, was ist schon Zeit. Die haben alle Menschen genommen aus den Städten, die Insel ist ja nicht groß, aber ein paar Städte gibt es, und haben sie aufs Land umgesiedelt. So als Sozialexperiment. Vom Städter zum Land- und Minenarbeiter und keine Ahnung von Tuten und Blasen, also Pflügen, Säen, Ernten, Graben, Abbauen, Klauben. Städte leergeräumt. In den Städten, so denken sich die Franzosen, Holländer, Spanier, Portugiesen, Briten oder Amerikaner, sind die Leute für gewöhnlich gebildeter als am Land. Da gibt's Schulen und Hochschulen, da gibt's Theater, da gibt's Bibliotheken und Krankenhäuser, all der Schnickschnack eben, den ein befreites, kolonisiertes Volk nicht braucht. In den Städten brauchen die Briten, Portugiesen, Amerikaner, Holländer, Spanier oder Franzosen eben nur noch Lager und Foltergefängnisse, um die Intelligenzia und ein paar viele andere auszumerzen. Und weil das alles seine Ordnung haben muss, werden Geständnisse errungen, indem Brustwarzen abgeschnitten, Tiere in Körperöffnungen und Wunden eingeführt, Köpfe in gesammelte Fäkalien getaucht, Arme und Beine verdreht, verrenkt, gebrochen werden, glühende – und so weiter. Stets unter größter Aufopferung und Akribie der Folterknechte bei peinlich genauer Beobachtung durch ihre Vorgesetzten, um eine schöne Unterschrift unter das fantastische Geständnis von Wasauchimmer zu bekommen, das die Exekution legitimiert.

Eins hat das ziemlich fertig gemacht, wie die Leute da gelitten haben. Mich nicht so sehr. Ich finde mein Elend mit Eins, den ich verlieren werde, schlimmer. Stellt alles in den Schatten. Eins hat schon immer ein Problem gehabt mit dem Älterwerden. Zumindest seit ich ihn kenne. Aber dass es so schnell vorbei sein könnte, damit hat er natürlich nicht gerechnet. Ich auch nicht. Niemand.

Eins fragt, wann genau wir zurückfliegen. Er tut sich schwer an manchen Tagen. Ich verstehe das und tröste ihn. Ich nehme ihn in den Arm und halte ihn, wenn wir nackt im Bett liegen, erschlagen von der Hitze, im surrenden Luftzug des Ventilators, der den alten Schweiß nicht trocknen kann, bevor der neue aus allen Poren nachquillt. Eingelegt in diese Mischung aus neuer und alter Transpiration dämmern wir dann auf der kratzig fleckigen Bettwäsche vor uns hin. Der Raum schimmelt und mufft, sagt Eins, das ist nicht gut für ihn, sagt er. Ich glaube, er täuscht sich. Aber für was Besseres reicht das Geld ohnehin nicht.

    Das Bier wird warm gebracht und dann über Eis geschüttet. Das ist nicht gut, aber trinkbar. Man kann hier Bier um Bier trinken, nicht wie zuhause, das kostet fast nichts, höchstens so viel wie daheim im Supermarkt. Viele Eindollarbiere, die Hauptwährung hier im Zweiwährungssystem dieser jungen Halbdemokratie. Ich denke, das ist, weil die Arbeit nichts wert ist und damit auch nichts kostet. Noch weniger als bei uns. Die Leute werden beschissen bezahlt - oder gar nicht - und das ist freilich unser Glück. Die jungen deutschen Tourifressen, die wir gestern kennengelernt haben, sehen das anders. Trotzdem finden sie den Eins fesch, aber der war schon drüber, weil wir ein bisschen was aufstellen haben können, keine Ahnung was das war, aber es hat ziemlich geknallt. Beim Eins zumindest. Vielleicht auch die Mischung mit dem anderen, was er nehmen muss.

    Eins geht pinkeln. Pinkeln kann man hier immer vollkommen nass. Es gibt keine schönere Pinkelsituation als triefend aus der Dusche, stehend am Klo. Noch nicht mal ganz nackt im Wald oder von der Brücke in den Fluss ist es so schön wie da. Im Badezimmerklo ist immer alles nass, deswegen geht das, das bietet sich an. Auch Eins hat sich in letzter Zeit oft nass gemacht, weil er es nicht mehr so gut halten kann. Aber das ist nicht schlimm, ich kümmere mich um ihn. Als er wiederkommt, habe ich ein neues Bier bestellt und die Deutschen, die schon wieder da waren, weggeschickt. Ich möchte allein sein mit Eins. Das ist schließlich der Grund, warum wir hier sind. Und natürlich auch, damit er noch was zu sehen bekommt von der Welt. Asien wollte er schon immer. Besser Südost als Nord- oder Vorderasien. Finde ich. Und Eins sicherlich auch. Die Leute hier sind irgendwie freier. Vielleicht weil sie arm sind. Oder weil sie sich direkt mit der Hand den Hintern putzen am Klo, statt Klopapier zu benutzen. Vielleicht hat man da einen besseren Zugang zu sich selber und den Sachen, die einem dabei eventuell nicht ganz so angenehm sind. Oder es liegt am Wetter, ich weiß es nicht, vielleicht ist es auch das Klima.

Habe ich Eins gesagt, dass wir nächste Woche zurückfliegen? Oder schon diese? Ich muss ihn immer wieder aufs Neue vertrösten, Ausreden erfinden, langsam wird's eng. Ich versuche es wieder und sage ihm, dass ein Tropensturm bevorsteht und unser Flug leider schon wieder verschoben worden ist, jetzt müssen wir halt noch ein bisschen länger bleiben im Inselparadies, das ist doch nicht schlimm, oder? Drei, sagt er, jetzt ist es genug, ich muss nachhause. Mir krabbelt es den Rücken runter, wenn er so ernst wird. Es dröhnt die immergleiche Playlist mit den Charts der 10er-Jahre und man muss ein bisschen schreien, um sich zu verständigen. Und auch dann kann man höchstens die Hälfte von dem, was man sich so zubrüllt, in Gesprächsfetzen erahnen. Überall hängen halbnackte Urlauber rum, auf Stühlen, Liegen und am Tresen, suhlen sich in der drückenden Hitze und ihrem Alkoholdunst. Auch wir schwitzen oben ohne, wo früher seine Wampe über den Hosenbund gehangen ist, sieht man jetzt nur noch einen Hautlappen, sonnenverbrannt. Ich sage, aber der Tropensturm, er sagt, es reicht. Er zieht ein Handy aus der Tasche, wo hat er das her? Er zeigt da drauf, hat sich einen Flug gebucht. Du kannst mitkommen oder hierbleiben, mir ist es gleich geworden, ich fliege, sagt er. Dabei schaut er mich so ernst und anklagend, gleichzeitig mitleidig und fragend an. Das verwirrt mich. Erinnert mich an das Bild eines Häftlings aus dem Museum. Alle, die dort gefoltert und umgebracht worden sind, hängen in Schwarzweißfotografien an den Wänden.

Ich muss ihn davor bewahren, so eine Dummheit zu machen, aber mir fällt langsam nichts mehr ein, womit ich ihn halten könnte. Wir hatten eine gute Zeit, manchmal, sagt der Eins, und es war eine nette Idee von dir, aber es ist jetzt nicht mehr der Moment.

Ich weiß nicht, wie viele Wochen wir schon hier sind. Oder sind es Monate? Vor einiger Zeit hätte ich Eins bei unserer Vulkantour fast geschubst, hinuntergestoßen, an den Schwefelarbeitern vorbei in den Krater. Damit er nicht so viel leiden muss. Dann war's mir aber doch zu früh. Wenn der noch genug Energie hat dafür, habe ich gedacht, immerhin den Berg hoch hat er es geschafft, zwar nicht mit tausend Kilo Schwefel am Rücken, aber doch mit der Gasmaske und allem, dann geht da noch was. Das war dann aber auch die letzte Tour, die wir gemacht haben, schwächer ist er geworden, konnte man richtig zusehen dabei. Zwei weiß davon natürlich nichts. Glaubt, Eins kommt noch halbwegs gesund und munter nachhause, macht die Behandlung und alles. Aber das wird's nicht spielen, das mit der Schulmedizin ist nicht so unser Ding, eigentlich weiß das Zwei, da haben wir die letzten drei Jahre, die „pandemischen", genug darüber gelernt.

Zuhause in Wien waren wir oft zusammen feiern. Eins ist gerne mit einem Taxi, das er vorher per Festnetztelefon bestellt hat, durch die Stadt gefahren. Man kennt ihn auf der Straße, es ist gut, mit ihm unterwegs zu sein. Alle anderen Menschen, die ich kenne, sind an zwei Abenden erzählt. Die meisten brauchen einen langen Abend und einen kurzen. Die wenigsten zwei lange. Bei Eins ist das anders. Der ist nie auserzählt. Vor allem, wenn er selber erzählt. Und jetzt ist er doch der erste Angezählte von uns, mit dem's bald aus ist. Hin und wieder würfelt's mir da schon ein bisschen die Gefühle durcheinander und ich frage mich, ob ich unfair bin zum Freundeskreis, dass ich ihnen den Eins entziehe. Aber er hat sich ja selber ganz freiwillig und auf eigene Faust entzogen, ist ins Flugzeug gestiegen und mit mir dageblieben, zwischen Stränden und Flüssen, mit allem, was man braucht, hat sein Leben genossen, wie es eben noch ging. Richtig? Eigentlich habe ich kein schlechtes Gewissen. Aber irgendwas nagt doch. Der Freundeskreis wird's mir erklären, sie wollen Gericht spielen, wollen mir „den Prozess machen". Eine schöne Löwinger-Bühne wird das geben, ich bin gespannt. Mir kommt vor, die Freunde im Freundeskreis sind früh an den Erwachsenenjobs kaputtgegangen, die sie schon mit Anfang zwanzig gemacht haben. Deswegen die Spießerei von wegen Eins muss heim. Alt sind sie noch nicht, aber jetzt gibt es nachweislich kein Zurück. Der Eins hat ihnen gezeigt, dass sie sterben müssen. Das ist unangenehm. Deswegen wollen sie es so dringend verhindern.

Eins fliegt dann tatsächlich zurück. Das wollte er und das gönne ich ihm auch. Ihm und dem Freundeskreis, damit der sich verabschieden kann. Das habe ich organisiert. Ist gar nicht so einfach, das muss ich schon sagen, wenn einer eine Leiche ist. Eins hat mal gesagt, es ist schöner, sich auf Dinge zu freuen und sie dann ganz knapp doch nicht zu tun. Das Hinbringen war ein bisschen weniger kompliziert. Aber wie die das von der Krankheit hören, fragen sie nicht viel nach. Die Behörden oder wer das war. Da sollen sich die bei dem daheim kümmern, haben sie sich wahrscheinlich gedacht. Wenn ich Glück habe, machen die das aber gar nicht erst. Jetzt noch zu den Freunden hin, ich hab ja gesagt, ich stelle mich denen. Wir können dann mit dem Trauern anfangen. Der Eins, ein toller Typ. Nur zwischendurch bekomme ich kurze Schwallgefühle von Angst und Ende, die sich aber erst beweisen müssen. Weiß ich nicht mehr, habe ich das absichtlich gemacht? Ändern tut's nichts. Der Rausch war groß und ganz planlos nicht. Rausch muss man immer planen. Sonst reicht's irgendwann nicht mehr. Aber es reicht sowieso nie. Befreit hat er sich dann ja doch aus freien Stücken, nicht wahr? Muss sein. Sich befreit aus all dem Tummel und Trara, was er nun wirklich nicht brauchen hat können so zum Schluss. Bier und Schnaps und ausnahmsweise kein Pulver, das macht zu scheinbar klar. Man braucht keine Scheinklarheit in solchen Momenten, aber auch keine echte, man braucht nur viel Gefühl. Und das haben wir gehabt. Da gibt es Mittel und Mittelchen dafür. So ist es bei weitem möglicher gewesen, dass alles gut ausgeht.

Fangirling über den Typen vom Edeka Pfandflaschenautomaten

Elisa Past

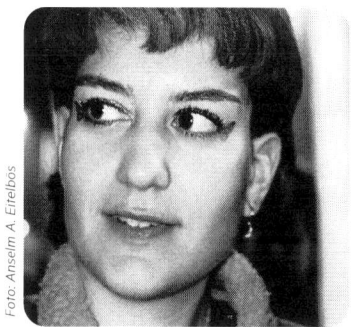

Foto: Anselm A. Eitelbos

* 1997, lebt in Regensburg und macht momentan eine Ausbildung zur Buchhändlerin. 2022 war sie bereits einmal (mit ihrem Text *Notizen*) auf Platz 3 beim FM4 Wortlaut.

Anmerkung des Verlags und der Herausgeberinnen: Der folgende Text folgt der von der Autorin gewünschten Rechtschreibung, Interpunktion und Form.

Ich wusste es schon, bevor ich ihn überhaupt kennengelernt habe
Ich hab sein Bild auf dem Aushang für die Stelle gesehen und ich wusste es einfach, nicht bewusst; nicht als Vorhaben oder klaren Gedanken,
Und es mag extremer klingen als gewollt, aber es war doch klar, sollten wir zusammenarbeiten, würde er für begrenzte Zeit Mond Sonne Sterne Zentrum meines Universums sein

Er heißt also F und lernt mich ein und wir verstehen uns auf Anhieb gut
Im Supermarkt Rücken an Rücken Regale einräumen, sich triezen, Unsinn reden und kichern, als wüsste man schon genau, wie der andere ist
Die erste Woche ist ein Spaß, jeden Tag wäre ich bereit, Überstunden zu machen
Alle sind nett, aber F sprudelt; sprudelt mit Wörtern und Interesse; er hat zu allem eine Meinung; aber vor allem zu Leuten, die bei der Grünschaltung an der Ampel nicht sofort losfahren
F plaudert aus dem Nähkästchen, über die anderen, über sich selbst
Mit D von der anderen Filiale textet er meist bis halb 5 in der Früh
Er spricht nicht dauernd in Wortwiederholungen, kennt Synonyme, fragt: welche Marmelade magst du

am liebsten, obwohl wir gerade im Gang mit den Gemüsekonserven stehen
Es ist sehr schwirig neben ihm zu stehen
Mir dünstet die Anziehung zu allen Öffnungen, allen Poren hinaus
Meine Hände halte ich an mir, ein einseitiger Magnetismus zieht sie bis auf wenige Zentimeter in die Richtung seiner
Komme ich jetzt in die Pubertät oder was
Ist das das Gefühl, was Männer als Erklärung dafür nehmen, wenn sie mal wieder ne Frau belästigen
Ich halte es kaum aus, neben F zu stehen
Ich kann nicht zuhören, was er sagt; mir erklärt und gleichzeitig verhindern, dass meine Lust mir aus den Augen suppt
Ich weiß nach vier Tagen immer noch nicht, wo ich den Knopf für die EC-Karten-Zahlung finde
All meine Konzentration wird verbraucht dabei, mir meine Hingezogenheit nicht anmerken zu lassen
Das ist mein siebter Sinn; sie aufzuspüren
Die Mäusegesichtigen, die energisch sind; mit einer Stimme, die gut quengeln und sich künstlich aufregen kann, klein und harmlos; die mit mir reden, als hätten wir uns im Kindergarten aufgrund identischer Hausschuhwahl kennengelernt; und vorallem: romantisch absolut desinteressiert an mir sind

Am achten Tag kenne ich alle ArbeitsAbläufe, es ist keine fordernde Tätigkeit;
Mir ist generell nicht oft langweilig, aber wenn, dann gleich viel und sofort akut und grausam

Ich komme morgens zu spät, mir vergeht die Lust, ich zähle die Minuten und geh nach Hause
Schmink mich ab, wenn ich zu Haus bin
Schmink es morgens wieder hin und abends wieder weg
Ich schieb ne Lasagne in den Ofen, schau in den Briefkasten und warte darauf, wieder in die Arbeit zu gehen
Ich bin chronisch unzufrieden
Ich hab ne eigene Wohnung jetzt und die Arbeitsstelle auch
Und ich sitz im Bus der grandiosen Busverbindung und ich kuck so schmerzhaft wie all die Jahre zuvor in meinen Leben, die ich in öffentlichen Verkehrsmitteln verbracht habe. Ziehe eine Fratze und muss mich daran erinnern, dass ich eigentlich keinen Grund dafür hab
Es geht mir gut; ja vielleicht zu gut
Aber wie soll ein Mensch froh sein, wenn es niemanden gibt, an den man im Bus denken kann
Doch wenn keine Aufregungen passieren im eigenen Leben, dann erfindet man halt welche
Und darin bin ich wirklich hervorragend

Denn ich bin ein geborenes Fangirl
Leicht zu entertainen und so gut darin, jemanden zu glorifizieren
Jemanden anzuhimmeln; jemanden von unten kniend auf ein Podest zu stellen und mich wie ein kleiner Wurm; ein winziges Würmchen darunter zusammenzuwinden
Ich kann mich so wunderbar begeistern, so endlos, so aufopfernd

Ich brauche so wenig, so lächerlich wenig
Einen koordinierten Griff zur Kassenlade, damit sie mir nicht in den Bauch schnellt
Ein albernes Tattoo auf dem Unterarm; oder auch zwei
Rote Backen, nen lustigen Nachnamen und/oder ein großes Mitteilungsbedürfnis über die Fadenzahl der häuslichen Sofakissen oder ähnlich irrelevante Tatbestände und voilá
Es ist ein Spaß
Ich verbringe meine LohnArbeitsZeit mit Verheimlichen
Meine Mundwinkel untenhalten, das vergnügte Zucken und Zittern runterschlucken. Meine vor Freude übersprudelten Augen, die Suppe in ihnen zurückhalten
Die Oneway FunkenflugBahnen abbrechen und ernst kucken und düster ernste Blicke choreographieren, während ich ihn eigentlich nur angrinsen will und anfassen
Oh wie sehr ich ihn anfassen will
Ich spiele weiter arbeiten
Während ich konzentriert, ja sehr versunken dreinblicke, sitzt meine Aufmerksamkeit seitlich am Kopf; und huscht im verborgenen Auftrag über die Regalbretter; zu meiner Linken; zu meiner Rechten; während meine Hände irgendwelche EssiggurkenGläser greifen
Sie schlägt wie ein Bewegungsmelder aus, wenn sie seine Bewegungen vernimmt; sein Schritttempo zwischen all den anderen heraushört
Mal wieder erzähle ich mir „so ein Mensch ist mir noch nie begegnet"

Und zwinge mich pünktlich zu Schichtende hinaus, obwohl er noch an der Kasse steht
Die Beine widerwillig und immer langsamer
Die eigenskreierte Vermiesung des Feierabends, ist immer noch das beste Gegenmittel gegen das montagmorgendliche Verschlafen/ eine bessere Stechuhr gibt es nicht
Ich komme fast jeden Tag 7 Minuten zu früh zur Arbeit
Ich denke „so hab ich mich noch nie gefühlt", aber vermutlich ist das nicht wahr
Wenn er nicht zur selben Schicht eingeteilt ist, streife ich zu düsteren Gedanken die Gänge entlang wie die trauernde Witwe
Wenn zwischen den SonderangebotsEinspielern Sinéad O'Connor *Nothing compares* über die Lautsprecher durch die riesen Halle schreit, werden meine Augen glasig
Das kann ich auch sehr gut

R kommt mich am Wochenende besuchen
Wenn R mich besuchen kommt, dann lasse ich kein dreckiges Besteck in der Spüle liegen. Nicht mal ne spitze Nagelfeile lasse ich auf dem Tisch
Keine Reinigungsmittel und das Medikamentenschränkchen sperre ich zu
Damit sie weniger oft am Ende von Erzählungen sagt
Ich bring mich eh um
Lang bin ich eh nicht mehr da
Das ist doch eh alles wurscht
Das Leben ist eh so ein Schmarrn

Ich weiß, wenn ich am nächsten Morgen die EuroPaletten im Laden leerräume, mit dem Cutter-Messer die LebensmittelVerpackungen aufschneide, werde ich Rs Worte im Kopf haben und
Alle Cutter vor ihr verstecken wollen

„Läuft", sagt R auf die Frage ihres Befindens, aber sie kuckt als würde sie meinen „gegen die Wand". R schaut sich gerne Nasenscheidewandkorrekturen im LiveStream an und findet die beste Frage, um jemanden kennenzulernen, ist: Welches Gewürz bist du?
Sie hat ihr Studium fast abgeschlossen, ihre Wohnung ist größer als meine und sie zahlt dafür nur ein Drittel meiner Monatsmiete;
Ihr Liebhaber ist total vernarrt in sie, aber
„trotzdem keinen Bock", sagt sie
Sie kann nichts dafür, ihre Pillen wirken nicht mehr gut
Kaum haben wir uns verabschiedet, frage ich mich, ob ich was anderes hätte sagen sollen. Ob ich eine schlechte Freundin bin, weil ich lieber an F denke als an R stets angekündigten Freitod

Es hat sich eh schon lange verselbständigt
Den Raum mit den Augen abtasten; Alles was scharf ist
Es beruhigt mich;
Die abgebrochene Ecke an der Plexiglasscheibe der Kasse
Die Klinge am TesaFilmAbroller
Die Plastikstriemen um die Kartonagen, auch wenn sie nicht so aussehen, meine Finger mit den vielen kleinen

Papierschnitten, wissen es genau – „Morgen" flötet F, er kommt neben mich gesprungen
Ich muss so lachen, über alles was er tut und sagt
Das letzte Mal musste ich so lachen in der Unterstufe, als ich mein ganzes Himbeersorbet über den Stehtisch vor der Eisdiele gespuckt habe
Wie im Rausch
Ich schau ihn an und muss grinsen
Weil in seinen Augen ein Wahnsinn flimmert
Sind seine Wangen rot oder glühen meine so, dass seine rosa aussehen

„Salz", sagt F auf die Gewürzfrage, „unverzichtbar, aber nur in den richtigen Mengen", so flink, als hätte er bereits lange darauf gewartet

Das Leben ist weiter gleichförmig; alles im Griff
Wenns droht fad zu werden, nimmt man den Döner halt mal scharf, obwohl man das gar nicht verträgt, schließt schnell die Augen und
Spricht seine Zaubersprüche vorm Schlafengehen oder legt sich einen Kristall unters Kissen
Fährt auf der A16 210 km/h und grölt zu Münchner Freiheit mit
Ohne dich schlaf ich heut Nacht nicht ein
Freut sich für den romantischen Rinderwirt Roland, wenn er bei *Bauer sucht Frau* der Podologin Petra im schimmernden Schwimmteich näherkommt, während man allein von der Vorstellung da mit seinem Arbeitskollegen F drin zu sein schon die Krise kriegt

Und verbringt seine gesamten Jugendjahre damit, zu allen Typen in flauschigen Jacken, die einen auf nächtlichen Parkbänken küssen wollen, „ne danke" zu sagen
Verbringt stattdessen jeden Tag mehrere Minuten mit dem Spähen durch Regalinhalte, zwischen MüsliPackungen hindurch; denen hinterher, von denen man weiß, dass sie nicht planen, beim HeuballenPicknick den obligatorischen Wangengriff bei einem durchzuführen
Man kann sich gefahrlos weiter den Fantasien hingeben; ganz in Sicherheit wiegen
Sie sind das einzig wirklich Effektive, das einen kurzzeitig vom Siechtum und der Ödnis fernhält

R schreibt, sie kommt spontan vorbei
Der Anblick des Aluminiumdeckels der Konservendose neben meinem Bett veranstaltet in mir gedanklich eine ganze *Upps die Pannenshow*, ehe ich ihn packe und zu all den anderen scharfen und spitzen Gegenstände unter die Spüle schmeiße
Dabei schneide ich mich an der Maisdose und tropfe Daumenblut auf den Boden
Beinahe neidisch blickt R später beim Reinkommen auf die Bluttupfen auf dem Küchentuch
Aber noch bevor sie etwas sagen kann, halte ich ihr mein Handy mit einem Bild von F unter die Nase, das wollte sie das letzte Mal schon sehen
R sagt „der ist ja gar nicht scharf"
„das Bild ist bloß nicht gut" sag ich, meine aber
„in meinen Tagträumen schon"

Aufgedreht berichte ich
Was für ein DopaminFest es ist zu schwärmen!
Hach und wie gut ich darin bin!
„Du hast es echt durchgespielt", sagt R, lachend, fast
anerkennend „nimmst dir das Beste am Verliebtsein
und lässt den Rest weg"
Als ich ihr vergnügt meine Glorifizierungen von F runterbete, wie einen Kinderreim, habe ich all seine Liebenswürdigkeiten gesammelt
„Ja voll", sage ich

Aber am nächsten Tag redet F fast die ganze Schicht
nicht mit mir
Er hängt am Handy, seine Augen funkeln gar nicht
Na ja doch, aber zum Handydisplay
Morgen hat er sich Urlaub genommen; übermorgen auch
Er spricht von *wir* und meint wahrscheinlich G; zwischen den beiden knistert es wohl
Der ganze Brustkorb brennt mir wie der Schiss nach
dem Verzehr mexikanischer Pizza
Ich muss den Mund weit aufreißen, um Luft zu bekommen
Jetzt beginnt der schlimmste Teil
Vereiste Kühltruhenluft und klirrend flimmerndes
DiscounterLicht können der Tragik meiner Gefühlswelt nichts
Kein brutzelndes Hähnchenfett vom Grillwagen direkt
vom Eingang oder die Randale am Pfandautomaten
ändern das
Ich bin immun gegen die Realität

Das Wochenende liegt vor mir wie ein Todesurteil
Ich schleppe mich zum Auto, die letzte Kurve der Fahrt führt knapp an der Leitplanke vorbei
„Das war haarscharf" denke ich und erinnere mich an die Todessehnsucht in Rs Augäpfeln, die sich nach 10 Uhr abends erfahrungsgemäß organisch einstellt und die man dann im GegenverkehrScheinwerferlicht stets flimmern sieht
Nun sehe ich es ganz scharf; ich sehe es wie durch eine blank geputzte Scheibe
Mein Treibstoff, der dafür sorgt, dass ich morgens aufstehe und mich anziehe
Socken Hose Oberteil, dass ich frühstücke und Zahnseide benutze und pünktlich das Haus verlasse und in den Bus oder das Auto steige,
Ist nichts mehr als ein kleines, vereinnahmendes Gedankenspiel

R hat mal gesagt, das Leben muss einem nicht immer das Arschwasser kochen lassen. Aber ich finde zwischendrin schon
Ich denke „das ist doch das Einzige, was das Leben muss"
Denn wenn das Leben keine unglücklichen Romanzen schreibt, muss ich das halt

Der Nachbar von nebenan, alt und gebückt; redselig und einsam zeigt mir ein Gedicht, das er für Brigitte geschrieben hat, eine Frau, die er vor 40 Jahren zu feige war anzusprechen

„Entzückend ihr Gang, ihre anmutige Gestalt", schreibt er dort zwischen ein Dutzend mehr Euphemismen
„Glauben Sie, Brigitte und Sie wären jetzt glücklich, wenn Sie sie angesprochen hätten, damals?", frag ich ihn
„Vermutlich nicht", sagt Herr M

R sagt „ich bin Kümmel – einfach unnötig"
Also ich mag Kümmel, sage ich ihr, dabei weiß ich gar nicht, wie der schmeckt

R fragt, ob ich mit ihr nach Berlin fahren will
Aber ich sage Nein, weil ich nächste Woche lieber arbeiten will
„Aha", sagt sie und weiß natürlich Bescheid
Wir wissen beide ab jetzt gehts bergab
Der vergnügliche Teil des Fangirling hat seinen Pik längst erreicht
Bald gehts ans Eingemachte; den Selbstwert

Ich frage mich, ob ich ein Gedicht über F schreiben und es Herr H schenken soll

„Na, weißt du, was ich heute vorhab?", verkündet F lautstark, ungeachtet der Kund*innen um ihn herum, als er mich Montagmorgen sieht; noch vor dem Hallo
„Denk mal scharf nach", grinst er, übersprudelnd der Schalk in seinem Gesicht; ein perfektes Rumpelstilzchen
G und er treffen sich heut Abend, er freut sich; ausgiebig

Dabei schmeißt er routiniert eine Flasche nach der anderen ins Loch der LeergutMaschine Shhhgolppp-gggGGKKNRISchhhh, macht sie, wenn das Plastik ins Innere verschwindet
„ich hab ein gutes Gefühl", sagt er
ShhhhgolppppggGKKrnnischh
„ich hab echt so viel gemeinsam mit ihr"
Shhhhhhhhhh –
Das Einzige, was eine Obsession ersetzt, ist eine neue Obsession, denke ich und installiere mir noch auf dem Supermarktparkplatz wieder alle vielmals gelöschten Datingapps

Und ich nenne ihn "der Affe"
Und ich sag "so ein Affe/Esel/Fisch"

Irgendwann gehen mir auch die Tiernamen aus
Wenn er an der Kasse neben mir steht, halte ich die Kassenlade nicht zurück, bevor sie in seinen Bauch schnellt
Meine Love Language ist fies sein
Ich kultiviere den Neid
Die Eifersucht
Die Sehnsucht
Niemand starrt so sehnsüchtig wie ich
Ob ich meine Brille nun aufhabe oder nicht
Dazu muss ich noch nicht mal genau erkennen, auf was mein sehnsüchtiger Blick fällt
Ich bin vernarrt in deine stumpfen braunen Augen, die aussehen wie von einem altersblinden Cockerspaniel, schreibe ich und zerknülle den Zettel dann

Ich ersehne alles
Ich bin die Meisterin des Ersehnens

Ich frage Herr M auf dem Treppenabsatz, was er für ein Gewürz ist
Er kuckt nicht halb so irritiert, wie ich es mir gewünscht hätte
„Alter Pfeffer", sagt er recht zügig

F ist so unerreichbar wie
In diesem Leben mit dünneren Unterschenkeln geboren oder von einem liebevollen schwulen Ehepaar adoptiert zu werden
Wie sich wünschen, dass die Sterne blau sind oder wirklich sternenförmig, die Atmosphäre violett und dass man bilingual oder besser trilingual aufgewachsen wäre oder nicht sein Leben mit den Fieslingen in der Schule zu sein, mit denen man es nunmal war
Wie Heißhunger auf eine eiskalte Fanta haben, wenn man an nem Sonntag im Kaff um 5 Uhr aufwacht und das einzig Trinkbare weit und breit ist lauwarmes Wasser aus dem Hahn
Wie Heißhunger auf ein Essen, das man sich niemals selber kochen wird können, weil man keinen Thermogrill oder ne Friteuse hat und auch keine Ahnung
Das tiefsitzende Wissen darum, in diesem Leben keine weltberühmte Gewichtheberin zu werden; genauso weiß ich, ich werde F nie bekommen; weil ich klein und winzig und davon schon ganz bitter und zornig bin, sodass ich selbst im Schlaf meine ärgerlichen Stirnwülste kultiviere

Es tut so weh, wenn er sagt „mach mal Pause jetzt"
Wenn er sich freut „Samstag hab ich frei"
Ich widme mich nun ausgiebig dem Herzschmerz
Lehne die nächsten Tage über dem Kassenband, melancholisch versunken, darin bin ich auch sehr gut
Das Wochenende schreckt und thront vor mir wie eine Strafe
Glotze auf das abgebrochene Eck an der Plexiglasscheibe der Kasse
Die Klinge des TesaFilmAbrollers und befinde; wie so oft
Die selbstgekochten Dramen nähren am besten
Aber so spitz wie die imaginierte Klinge fühlt sich keine sonst an

F ist ein ScheißBrennnesselsud", schreibe ich auf einen Zettel und entsorge ihn unter Herr Ms Fußmatte

F schreibt, wie sauber es in Stockholm ist, man könnte vom Boden essen
Ich poche vor Endorphinen, weil er schreibt
Die Panik über eine perfekte Antwort bringt mich beinah um den Schlaf und ich bin froh, dass ich nicht bis um halb 5 mit ihm texten muss, weil das macht ja G
Ich verzettle mich in Fantasien und verzehre mich und
Lese sein ungelöschtes OkCupid Profil von 2022 noch mal durch und durch wie eine Belohnung vorm Schlafengehen
Ein Betthupferl
Ich bin froh, dass ich beim Anblick der Rasierklinge

auf dem Weg durch den Park, nicht daran denke, sie mir über die blauen Adern an meinen Armbeugen zu rubbeln, sondern daran, F ein Bild davon zu schicken, „definitiv nicht Stockholm" dazu

Ich denke an all die ABCDEs die an allen Stellen meines Lebens so viel Aufmerksamkeit bekamen, deren Abwesenheit so schmerzte und all die XYZs deren Augensäfte für mich rannen und die nie was zurückbekamen außer stille Freude über die erfolgreiche Jagd und ein „sorry hab keine Gefühle"
Ich frage mich, wie lange ich noch ein Fangirl bleiben kann
Aber wenn man sich schon eine Romanze ausdenkt
Dann schon Jane Austen und keine Rosamunde Pilcher

Neben der Gemüseauslage
beschreibt mir F ausgiebig die nächtlichen KreisverkehrFahrten mit G im Auto; in unaufgeforderter glühender Romantik; und heilloser Freude
Schnell schnell
Alle Dinge, die scharf sind
Die abgebrochene Ecke an der Plexiglasscheibe der Kasse
Die Klinge am TesaFilmAbroller *er*
Die Plastikstriemen um die Kartonagen, *er er er*
Wie seine Stimme ständig zwischen drei Oktaven schwankt *er errrrr*
Er wie er es aushält in der Hocke zu bleiben und zu mir hochzugucken, während ich auf ihn herab sehe *ja er*

Die Art, wie er den Salatkopf hält in einer Hand, wie die unausgeprägte Halsmuskulatur eines frischen Babys
Ich raste aus
Heule still
Heule laut, aber erst später
Im Treppenhaus
Schleppe mich die Stufen zu meiner Mietwohnung hinauf, und weil ich so wahnsinnig lang dafür brauche, treffe ich auch wieder auf Herr M
Vielleicht wartet er auch, wir sind ja Verbündete im Geiste
Er zeigt mir sein neuestes Brigitte Gedicht
„Brigitte ist meine Lebensenergie, meine Muse", sagt Herr M, noch ehe ich die Zeilen überflogen habe
„Haben sie mal versucht sie wiederzufinden?", frage ich
„Nein", Herr M schüttelt den Kopf, „es ist besser so"
Und ich glaube, er meint es zwar anders, aber hat trotzdem recht

Ich glaube, wenn die Brigitte im Ehebett mit ihm liegen würde, dann gäbs keine Gedichte für sie
Denn was wäre sie dann statt der ewig brennenden Verzehrung
Nur eine lauwarme Realität
So lau, dass man sich selber manchmal mit unglücklich verwechselt
Und sich fragt „bin ich unglücklich" und man denkt *hmmmm*
Während man sich das noch fragt, drückt man sich ein zwei Tage altes Croissant vor der vorletzten Folge einer

wirklich guten Serie rein und denkt: passt schon, ist ja auch nicht so wichtig

Dennoch versuche ich, meine Tinder Nachrichten bewusst so zu formulieren, dass sie sich in zehn Jahren perfekt als Schluss- oder Anfangssätze potentieller Widmungen von Romanen verwenden oder in Bilderrahmen fassen lassen

Ich will Dinge ganz zauberhaft und wenn ich dann merke, dass sie es sind

Und zwar so offensichtlich

Dann ekele ich mich vor ihnen

Und dann schau ich mir noch 50 mal an, wie James McAvoy sagt *„Jane I'm all Yours"*

Und mein Elend wird mein Zauber

Denn antworten werde ich auf Fs Nachricht „na vermisst du mich bei der Arbeit" nie

Wenn F sagt, mein Nagellack gefällt ihm

Mir nen Kaugummi anbietet oder ne Mitfahrgelegenheit

Wenn er nach dem Feiertag sagt „na endlich sehen wir uns wieder"

Je freier meine Luftröhre; desto tiefer sinken meine Schultern

Der düstere Wahn kondensiert; wird leichtfüßig, steigt in die Luft; scheint sich kurz aufzulösen

Mit dem Gefühl der Verfügbarkeit; verflüchtigt sich jede Notwendigkeit

Und R fragt „Was ist schlimmer, wenn du ihn magst oder nicht?"

Sie hat mich ertappt

Ich weiß es nicht
Wirklich nicht … Na ja vielleicht doch

Ich habe eventuell eine Vermutung

„Warum hast du denn keine Beziehung?", will Herr H wissen
„Na ja ein paar wollten schon", ich denke an ABCDE
„aber die zählen nicht"
Herr Ms Augenlider schnellen nach oben, seine Stirn springt in vierzig kleine Wülste „Warum zählen die denn nicht?"
„Die hatten halt ne Geschmacksverirrung"
„Höhöhö", lacht Herr H, „Aber du bist doch spritzig, aufgeweckt, keck, ja *ne richtige Chilischote*", sagt Herr M und er schafft es, diesen Ausdruck so ulkig und asexuell klingen zu lassen, wie es nur ein verstockter Senior kann, der seit vierzig Jahren nur eine Brigitte im Kopf hat
Ich muss lachen „Nahh eher Knoblauch"

Drei Monate später schreibt F
„Er hat ja gar keine Ahnung vom Funkenflug, aber Gefühle für mich"
Kurz macht mein Herz einen Satz, kurz bin ich überrascht; ja selbstzufrieden
Eine kurze Befriedigung, dann nur noch Überdruss, ich lasse die Schultern hängen und öffne die App wieder

Gleichförmige Pixel vor meinen Augen; wie alles ein Spielchen
Und ich sitze im Bus und denke „ach Lasagne steht noch im Ofen geil"
„die Wäsche muss ich noch aufhängen"
Ich fahre abends nach dem Freundinnentreff nach Hause und denke „ja war schön heute" und schreibe in die Gruppe „war schön heute"
Und Leute, die mich daten wollen, schreiben mir auf Tinder „ja ich würd dich schon daten wollen haha"
Aber es zerreißt sie auch nicht mittig oder schmerzt sie so sehr, dass sie auf abgelegene Inseln fahren müssen und Bilder von einem anstarren, bis sie vergilbt sind
Ein nicht existenzgefährdendes Interesse
Dreist finde ich das, mich daten zu wollen, ohne dass dich der Mangel daran in den Wahnsinn, in die Trunksucht und das Verderben treibt

R schickt mir ein Selfie mit meinem Lieblingsrapper im Arm „ich fass es nicht ich sterbeeee"
„Ich fass es nicht" schreibe ich und fünfzehn Heulemojis dahinter, während ich mich fester in die Merch-Decke mit seinem Gesicht schlage und mit pochendem Herzen so erleichtert bin, nie nach Berlin gefahren zu sein
Wenigstens diese Illusion bleibt mir

Denn am schärfsten sind immer noch die Brigittes, die wir nie kennengelernt haben

Liebe lieber modern

Stefan Baier

* 1973 in Innsbruck und aufgewachsen in Vorarlberg, lebt er jetzt als glücklicher Ehemann und Vater einer erwachsenen Tochter in Wien. Er ist promovierter Wirtschaftswissenschaftler und Personalmanager an der Wirtschaftsuni Wien. Nach einer sehr langen Pause schreibt er wieder, immer nachts, an gelegentlichen Kurzprosatexten und einem bald fertigen Young-Adult-Fiction-Roman.

Ein paarmal passierts: Dein Leben ändert sich. Dein ganzes Leben.

Wenn dein Vater von daheim auszieht. Du bist 7, deine Schwester ist 3. Du hast ihn 4mal gesehen seither. Du kannst jahrelang nicht Papa sagen, ohne dass deine Schwester losweint – mit vollem Getöse manchmal und manchmal, viel schlimmer, mit kleinen lautlos weggedrückten Tränen. Du kannst nicht mitweinen, du musst stark sein, sie in den Arm nehmen, musst flüstern: Alles gut. Obwohls die größte Lüge ist.

Wenn dir deine Freundin mit 17 ins Ohr flüstert, dass sie schwanger ist, und 5 Tage später sagt – wiehernd lachend – dass alles nur Spaß war. So ein Spaß. Scheiße, wenn sie deine erste Liebe ist, und du sie weiter lieben willst, weil … keine Ahnung … Liebe eben. Aber es geht nicht, weil du bei jedem Loslachen wütend wirst. Nie wieder kannst du Lachen hören, ohne an ihr Wiehern zu denken. Aber du kannst es versuchen.

Wenn du mit 21 aus der Uni fliegst, weil du sogenannten Freunden beim hochkarätigen Schwindeln hilfst und dich ein WG-Kollege verpfeift. Diesmal beherrschst du dich nicht und zahlst den Zahnarzt, der seine Zähne flickt, mit Geld, das du nicht hast. Heute noch nicht.

Und dann, mit 23: Du knackst fucking Tinder, und hast jeden Tag eine Frau im Bett. Jeden Tag. Nichts ändert dein Leben mehr, glaubs mir. Soweit du einem wie mir halt glauben solltest.

So knackst du fucking Tinder: Du swipst jeden Tag genau 100 Mal. Du swipst immer rechts, ohne hinzuschauen. Pro Tag matchst du mit 38 Frauen, schreibst mit 11, triffst 3. Ist ein Fulltime-Job. Zwischenstand aus dem Schlafzimmer: 116 verschiedene Vornamen. 12 Staatsbürgerschaften. 9 Haarfarben. Alle Hautfarben. 44 Kilo, 177 Kilo. Haarlängen: Jeden verdammten Zentimeter, nur komplette Glatze fehlt – echt keine Frau zu finden mit kompletter Glatze. Aber gib die Hoffnung nicht auf. 100 Swipes am Tag, und jeder ist Hoffnung.
Ein paar Sachen brauchst du. Eine herzeigbare Wohnung. Geht, weil der Vater zahlt. Wenigstens zahlt er, der Arsch. Gut für sein Gewissen. Und im erheuchelten Daheim: keine Nacht ohne Frau im Bett. Besser keine Nacht ohne Frau im Bett.

Was du noch brauchst: Tagesstruktur. Am schnellsten gehen die 100 Swipes. Machst du nach dem Frühstück. Räumst die Küche auf und das Schlafzimmer, neue Laken und so weiter. Duschen, richtig Duschen. Tinderflirten mit den aktuellen Kandidatinnen, während du auf der Couch liegst. Erstes Date am Mittag, im kleinen Café bei der Uni, günstig, cool, genau richtig. Schaust ihr beim Essen zu. Sagt dir einiges über sie. Zweites Date gleich anschließend, im Starbucks beim Hauptbahnhof, guter Platz, so viel Kommen und Gehen, gemütliche Sofas und jeden Tag ein Blueberry Muffin. Schaust zu, wie lang sie in ihrem Cappuccino rührt. Danach heim, Zeitung lesen, Powernap. Einkaufen: Mehl, Milch, Eier, Butter, Orangen, Kaffee, scharfe Platten. Scharfe Platten vor allem. Vinyl natürlich, es muss knistern, dann öffnen sich die ersten Blusenknöpfe von allein. Drittes Date am frühen Abend. Teehaus am Platz. Spannend, was sie macht, wenn sie, zum Riechen und Aussuchen, die großen Teedosen hertragen. Manchmal auch die Aperitivo-Bar vis-a-vis. Gut zum Draußensitzen und so eng drinnen. Schau genau hin, wenn sie ihren ersten Schluck Negroni nimmt – das Lächeln, das du bei jeder 10ten siehst, ist schöner als der Sonnenuntergang vor der Tür. Gelöster wird sie nur einmal lächeln, Sekunden nach dem Orgasmus. Die merkst du dir, jede 10te.

Auf keinem Date bleibst du länger als 99 Minuten. Wichtig, dass du beschäftigt wirkst, gefragt. Bist du ja auch. Abends kommt niemand vor 9 zur Tür herein, die Stunde davor gehört dir. Kleines Abendessen, Salat, Tomaten, Sauerteigbrot, Butter, Bergkäse. Kein Handy, keine Musik, nichts. Vielleicht belegst du ein paar Sandwiches für später oder brätst Zucchinischeiben oder schneidest ein bisschen Parmesan. Jedenfalls öffnest du den Wein, wichtig, dass die Flasche schon dasteht. Nie fragst du, was sie will, du gibst ihr das Glas zur Begrüßung, gemeinsam mit der Umarmung, bei der deine Nasenspitze zufällig ihre Wange streichelt – ist schwer, das perfekte Nasenstreicheln, klappt nur manchmal. Muss auch nicht sein. Was sein muss: Dass die Musik schon läuft, immer eine andere. Hast du das letzte Mal Sex Pistols aufgelegt, spielst du jetzt Miles Davis. Leonard Cohen? Fela Kuti. Edith Piaf? Nirvana. Keith Jarrett? PJ Harvey. Nie spielst du dieselbe Platte für dieselbe Frau. Kommt eine öfter, musst dus aufschreiben.

Was brauch ich noch, fragst du? Waschmittel, Weichspüler, frische Laken jeden Tag. Und Großpackungen Kondome. Nie ohne, nie. Ein paar Frauen wollens, bin eh auf Pille und so – nein! Also, Großpackung Kondome. Etwas fürs Frühstück, falls sie bleibt – warum nicht, ist oft schön. Zusammengequetscht auf dem engen Holzbalkon, wenn die Sonne scheint. Auf dem Sofa. Im Bett. Selbstgemachte Pancakes, viel Ahornsirup. Frischgepresster Orangensaft. Kaffee, Kaffee vor allem.

Manchmal gibts Probleme, ich verschweigs gar nicht. Das verklausuliert verliebte WhatsApp. Das Klingeln an der Tür, falscher Tag, falsche Zeit. Das ins angelaufene Badfenster gezeichnete Herz. Das umgeworfene Regal ... in den Trümmern siehst du die zerschlagene petrolblaue Schale deiner Schwester, Geschenk zu deinem 20sten Geburtstag. Du schmeißt die Frau hinaus und weinst im ungemachten Bett, jede petrolblaue Scherbe in der Hand. Noch etwas, das du nicht beschützen konntest. Du antwortest auf keines ihrer Entschuldigungs-WhatsApps. Sie weiß nicht, was sie getan hat, wie soll sie auch, sie kennt dich nicht. Du sie auch nicht. Egal, sie ist tot für dich, nicht die Erste. Ein anderes Problem: 3 neue Dates pro Tag, jeden fucking Wochentag. Ist viel. Ist anstrengend. Aber du darfst nicht schwächeln, nur 50 Swipes, nur 2 Treffen, und plötzlich ist dein Bett leer an einem windstillen Mittwochabend, im Zimmer nichts als schale Luft. Nie hast du dich so allein gefühlt. Nein, nicht nachlassen. Du hast dein Leben geändert, du bist geil, wie sonst eine Frau im Bett jede Nacht. Nein, 100 Swipes müssens sein. Und 3 First Dates. Dafür brauchst du System, Konsequenz, Härte. Jeden Tag eine Frau im Bett, 218 Tage hintereinander, das braucht dich ganz.

Wichtig: Die richtigen Frauen einladen auf 9. Willst du jede Nacht mit einer schlafen, darfst du dich nicht oft irren – und musst rasch spüren, obs heute eh was wird. Nicht so viele Notfallfrauen, denen du um Mitternacht schreiben kannst, die sich aufs Rad setzen und herstrampeln – gibts zum Glück, aber nicht oft, nicht einmal bei 100 Swipes. Anfangs irrst du dich regelmäßig, dann wirst du besser, 218mal besser. Manche Frauen bleiben eine Stunde. Manche bis zum Sonnenaufgang. Manche für die Nacht und den Morgen und das Frühstück. Zählt alles, bedeutet: Du bist der Checker, hast dein Leben im Griff, weißt wies geht, du hast endlich was echt drauf.

218 schaffst du nur, wenn du Frauen hast, die wiederkommen. Die heißesten, die coolsten kriegen ihren eigenen Wochentag. Donnerstag zum Beispiel im Moment: Jessy. Sophie ist Samstag. Dienstag: Lauren. Am besten du hast nie mehr als 5 reservierte Tage und nie weniger als 3. Du brauchst Platz für 21 neue Frauen, aber nicht zu viel – du darfst die Neuen nicht zu lange hinhalten, sonst verschwinden sie, und darfst sie nie zu dringend brauchen. Sonst verschwinden sie. Zu viele zumindest für die 147 ununterbrochenen nächsten Nächte, die dir fehlen, um das Jahr voll zu machen. Ein ganzes Jahr, jede Nacht eine Frau im Bett. So geht Legende.

Das ist dein fucking Ziel: Legende. Das ändert dein Leben mehr als dein abwesender Vater, dein selbstgerechter WG-Kollege, deine erste grausame Liebe. Musst ja keinem erzählen, dass es nicht Sex und Stöhnen sind, die dich für Sekunden glücklich machen, sondern kleine flirrende Momente: Sophies Glucksen im Schlaf, Jessys verstrubbelter Aufwachblick, Laurens behutsamste Umarmung der Welt, was Neues von Maribel, die du übermorgen triffst. Der Sex ist nur Sex, oft ist er gut, weil nichts auf dem Spiel steht. Aber nie ist er spektakulär, nie wie mit deiner ersten Anne, weil ... alte verdammte Liebe. Du tust natürlich trotzdem, was du kannst, willst das Negroni-Lächeln auf deinem Kopfpolster wiedersehen. Du hast Dildos in allen Größen und plüschige Handschellen und ein paar Vibratoren, mindestens 4mal wechselst du die Stellung, wie die Musik, die läuft, wenn du die Tür öffnest: Immer neu, immer unerwartet. Du weißt, was deine Hände können, und vor allem weißt du: Jede Frau will anders berührt werden, dich anders spüren, anders kommen. Wenn du Sophie leckst wie Lauren, brüllt der glatzköpfige Nachbar mit den Uhu-Augenbrauen zwar am Dienstag: Ruhe, Ruhe, Schlafenszeit – aber am Samstag schläft er ein, noch bevor er gegen die Wand trommeln kann. Und Jessy, ah, bei Jessy musst du fast nichts tun, Jessy macht das meiste selbst, auch geil. Und Maribel: Schon sehr gespannt auf Maribel.

Was brauchst du noch? System, Konsequenz, Härte hab ich schon gesagt. Gelassenheit hab ich noch nicht gesagt. Nicht so einfach, jeden Tag dranzubleiben. Klingt toll, täglich eine Frau im Bett, war immer der schärfste Traum. Heißt aber: Jeden Abend eine Frau in deiner Wohnung, und jede bringt Gepäck. Kann nicht anders, hat ihren eigenen durchgebrannten Vater, aufgeblasenen WG-Arsch, wiehernden Ex-Lover, bringt sie alle mit zu dir, die tanzen mit dir und ihr zu Nina Simone und Gotan Project und Patti Smith, trinken mit an deinem Chenin Blanc, den du dir nicht leisten kannst und trotzdem besorgt hast, weil Maries Lieblingswein – und kommen mit ins Bett. Sie weiß natürlich, sie hat dich Tinder-gedatet, sie hats geschrieben: Alles casual, will nichts Ernstes, brauch nichts Ernstes, bloß nichts Ernstes, will Spaß haben. Darum hast du sie ausgesucht – und sie will genauso cool sein wie versprochen, so chill, so Spaß, beim Weintrinken und beim Tanzen und beim Reißverschluss-Aufzippen. Ist aber schwer. Für dich ja auch. Du kannst Chenin Blanc trinken, in ihre frechen Augen schauen, eng tanzen, sie ausziehen, ganz gepäckfrei, aber nie ist der Sex wie mit Anne, 218mal ist der Sex nicht mit Anne. Scheiße. Das ist dein Gepäck. Ihres dazu, und schon ist die Wohnung voll.

Noch was musst du draufhaben, das Wichtigste, das Schwierigste: Ausblenden – alles was geht. Laurens verletzliche Stirnfalte, während sie deine Gitarre zupft, dein Lieblingslied summt, sich anlehnt: Ausblenden. Jessy, wenn sie deinen Negroni rührt, besser als der beste Aperitivo-Barkeeper, und ihr Shirt langsam die linke Schulter herunterrutscht. Ausblenden. Sophie, eine Träne auf der Wange, bei jedem kitschigen Hollywoodende, die sie unbedingt verstecken will. Marie, bald Your Girl Friday vielleicht, und ihre wilden grünen Augen, die nichts tun müssen außer schauen: Ausblenden, unbedingt.

Geht doch gar nicht, sagst du, alles ausblenden. Ist verrückt, wie soll das gehen? Geht schon: Halt dich an die Regeln. Und denk an den kommenden Tag. Nichts hilft mehr als der kommende Tag. Der kommende Tag ist immer der spannendste. Muss er sein. Du musst ihn dazu machen. Sonst gehts wirklich nicht.

Also, der nächste Tag: Du wachst auf vor dem Wecker, erinnerst dich, Fabienne ist vor Mitternacht gegangen, muss früh lernen morgen. Haha. Keine Ausrede hörst du öfter. Wozu eigentlich Ausreden? Interessant, dass nie eine sagt: Du bist nur Zerstreuung für mich, Stundenschließfach für mein Gepäck, Vergessen für einen Abend, dank deinem Stöhnen und meinem, trotz deiner aufgesetzten Lockerheit und meinem aufgesetzten Lachen. Du für mich: Bist ein peinlicher Zwischenstopp, von dem ich keinem erzähle, schon gar nicht dem Mann, der sicher bald auftaucht, der mich verstehen und nicht gehen lassen wird, bei dem ich nur lachen werde, wenns echt ist. Nur dann. Hat noch keine gesagt. Du auch nicht.

Heute machst du die 100 Swipes gleich im Bett, dann Frühstück am Balkon. Ist kalt im Schatten, du ziehst die Jacke drüber und denkst ein letztes Mal an letzte Nacht, weißt, du wirst Fabienne nicht wiedersehen. Ist okay. Schlafzimmer aufräumen, Küche aufräumen, duschen, duschen. Nimmst den Weg in die Altstadt, durch die alten muffigen Gassen. Siehst hoch oben auf einem Haus, an dem du schon 500mal vorbeigegangen bist, zum ersten Mal eine Sonnenuhr. Ein schwarzer Labrador biegt ums Eck, schnüffelt an deinem Bein, der Besitzer zerrt ihn weiter. Du lächelst wie lange nicht mehr, gehst zum Fluss, stellst dich für ein paar Sekunden in die Wärme.

Mittagsdate mit Sonoma. Neuer Name, toll, noch keine Sonoma getroffen, schon gar nicht im Bett gehabt – sag ich ja: Jeder Swipe ist Hoffnung. Wurde in den USA geboren, ihr Name durch einen Münzwurf entschieden, ihr Vater gewann – drum heißt sie nach einem kalifornischen Weingebiet, dort geht sowas. Sie nimmt das Tagesmenü. Trinkt nur Wasser, bestellt ungeniert Karaffe um Karaffe, gefällt dir. Isst langsam, redet in einem durch, fuchtelt mit dem Besteck herum, zeichnet die buntesten Figuren in die Luft. Nach dem Essen fehlen ihr Gabel und Löffel, also wirft sie ihre rabenschwarzen Haare von einer Schulter zur anderen. Als sie aufsteht, fällt dir erst auf, wie groß sie ist und wie neckisch sie aus den Augenwinkeln schauen kann. Sogar Christoph, der stoische Chefkellner, zwinkert dir zu. Das ist selten, gefällt dir. Du hast alles richtig gemacht zum Glück, ihr zugehört, genickt, gelacht, den Kopf geschüttelt. Du weißt natürlich: Nichts zieht mehr als zuhören, nicken, lachen, kopfschütteln. So viele Frauen: So ausgehungert, offenbar lässt sie keiner ausreden. Du musst sie nur erzählen lassen, nicht unterbrechen dabei – aber zuhören. Und sie dabei zustimmend, mitfühlend, besorgt, amüsiert anschauen. Stell noch ein paar echte Fragen – unfassbar, was sie dir dann alles anvertrauen in 99 Minuten, die wildesten Geschichten. Nicht Sonoma, bei ihr ist alles heiteres Geplauder. Auch okay. Du musst ihr gleich morgen whatsappen, unbedingt, Sonntagnacht ist noch frei.

Starbucks mit Doris. Sie ist schon da, mit fröhlich semmelblonden Haaren, glatt wie gebügelt. Steht zur Begrüßung auf, ist noch größer als Sonoma, steht gebückt, zieht den Kopf ein, bis er auf den Schultern aufsitzt. Schade. Setzt sich wieder und erklärt dir 12 Minuten lang, warum sie auf Tinder ist. Wenn sie wüsste. Drückt sich tief in die blitzblaue Couch. Süßes Lächeln, wenn sie lächelt. Sagt zu wenig – anstrengend, wenn du die ganze Redearbeit machen musst. Plauderst halt ein bisschen, fragst die üblichen Fragen. Gelingt la la, manchmal sind 99 Minuten lang. Und doch zu kurz: Genau dann ist Doris aufgetaut, beugt sich vor, wird laut, lacht ausgiebig. Nützt nichts, Konsequenz, Härte, du stehst auf, gehst. Von draußen verschwimmt ihr gekränktes Gesicht im Blitzblau.

Frühabends ist Aperitivo-Bar ist Vera. Protestiert nicht, als du Negroni für 2 bestellst, lächelt nur. 1 zu 0. Hat einen wild geschwungenen Mund, weite neckische Augen, verwehte rotgefärbte Haare. Ihr Shirt ist extratief ausschnitten. Vorsicht: Heißt manchmal, dass sie ihren Busen geil findet und will, dass du hinschaust – öfter aber hält sie dich dann für ein Schwein. Im Zweifel bist du diszipliniert, das kannst du ja, schaust ihr so konsequent in die Augen, dass sie ein paar Mal schmunzelnd die Lider senkt und im Negroni-Glas zu rühren beginnt. 2 zu 0. Ihr Blick zum ersten Schluck ist unspektakulär, keine Ahnung, wie sie beim Orgasmus schauen wird, schade. Als sie von ihrem Studium erzählt, sagst du einen dummen Satz, das abrupte Kopfschütteln bedeutet: 2 zu 1. Bleib konzentriert, verdammt, mit mehr als deinem Blick. Vera erzählt zum Glück weiter, von ihrer letzten Asienreise, Vietnam, Kambodscha, Nordthailand. Von ihrem Ex: Langweiliges

Arschloch, die Kombi musst du erst mal schaffen, sagt sie und lächelt fulminant mit ihren schiefen breiten Lippen und weiß es genau. Erzählt, dass sie weggehen wird nach dem Studium, Stadt zu klein, Welt zu groß, bloß nicht hier hängenbleiben. Guter Moment, ihr enthusiastisch zuzustimmen: Absolut, gleicher Plan … und bis dahin Spaß? Ja, viel Spaß – und nur noch Arschlöcher, die wenigstens interessant sind. Vera überschlägt die Beine, streicht ihren schwarzen hauchdünnen Rock glatt, lehnt sich zurück, bestellt Negroni-Nachschub für 2. Wunderbar, 3 zu 1. Bleibst 6 Minuten zu lang, kritische Planabweichung, passiert dir selten.

Um 3 vor 9 stöckelt Lauren über die Treppe, steht mit ihrer kleinen silbernen Tasche vor der Tür, läutet mit dem 2ten Schlag der Turmuhr. Dienstagnacht beginnt. Wie jede Dienstagnacht seit 14 Wochen. Länger als Jessy, länger als Sophie. Auf Tinas Rekord, 23 Wochen Donnerstag, fehlt noch viel, aber sonst schon fast alle überholt. Ist schön: Dienstagnacht, Laurennacht. Velvet Underground läuft. Küssen immer gleich in der Tür, ausgiebig, ist ihr wichtig, dann erst stellt sie ihre schimmernde quadratische Tasche auf die Bank und packt ihre Zahnbürste aus, ihren Lippenstift, ihren Kamm, ein stinkiges Stück Weichkäse, lacht, als sies in deine Hand drückt, verstaut ihren Schlüssel wieder, stopft die Zeitung tief ins Seitenfach. Trinkt die Gläser schneller leer als du, und wenn sie lacht, formt ihre Stirn die zartesten Falten – da schaust du besser weg, zu verdammt gefährlich. Spielt 2, 3 Lieder, nur bei ihr klingt die alte Gitarre so gut. Du wechselst lieber rasch aufs Sofa, startest den Film des Tages – immer von ihr ausgesucht, immer sagst du, dass er dir gefallen hat. Schwerer Fehler, über ihre Lieblingsfilme zu streiten. Obwohl, mit Lauren könntest du vielleicht auch über Lieblingsfilme streiten und dann immer noch atemlosen Sex haben und dann immer noch Pancakes zum Frühstück essen. Unnötiges Risiko aber, sogar mit ihr. Also, du kritisierst nie ihre Filme, wie sie deine Musik nie kritisiert. Nein, du lehnst dich sanft an Lauren, riechst an ihrem Hals, ihrer Wange, freust dich für eine Sekunde. Schaust mit ihr weiter *Out of Sight*, heißer Film. Verhakst dich in ihren Haaren, zerstörst ihre Frisur schon vor dem Sex – sie schimpft dich, küsst dich, riecht so gut. George Clooney, sagt sie zum Abspann. Jennifer Lopez, antwortest du am besten, bekommst dafür ein Lachen und einen langen Kuss. Bekommst dafür oder für etwas anderes noch ein Lied gezupft, *Losing My Religion*, offenbar Ninties-Night heute, auch okay. Die letzte Strophe summt sie mit … gefährlich, schon wieder. Laurendienstag: Selten brauchst du dein Ausblenden mehr. Später trommelt der Nachbar gegen die Wand, sein Abendsport, und Lauren schläft auf meiner Schulter ein, ihre Haare kitzeln meine Nase, sie hält mich fest, wie nur sie es kann, riecht immer noch so gut. Kann nicht einschlafen neben ihr. Muss absichtlich an Vera denken und an Sonoma und an Maribel, an morgen … dann gehts.

Nach den Pancakes, nach Lachen, Küssen, ungewohnten Fragen, was machst du heute so?, und morgen?, packt Lauren wieder alles in ihre schillernde silberne Tasche und macht die Tür hinter sich zu. Manchmal, in solchen Momenten, bist du dein eigenes größtes Problem, würdest vielleicht das Regal umwerfen, wenn dus nicht in der Wand verschraubt hättest – schwache Tage, Ausblenden versagt, am liebsten würdest du ihr nachlaufen, nachrufen: Bleib doch da, bleib da bis zum Zeitunglesen, bis zum Mittagessen, bis zum Teehaus, sogar für die Stunde, die nur mir gehört. Wach wieder auf neben mir, gleich morgen, nimm mich in den Arm, nimm mich einfach in den Arm, wie nur du es kannst.

Natürlich läufst du ihr nie nach, nicht auszudenken. Auch Lauren kommt nicht zurück. Manchmal siehst du den Gedanken in ihrem Blick, im Moment, bevor die Türe zugeht. Du hältst die Luft an, schaust schnell weg – und weißt, sie ist dir dankbar dafür, kommt sich zu needy vor sonst, zu peinlich: Ich kann dich ficken, ohne von dir zu träumen, du Arsch, was glaubst du, bin eine erwachsene Frau, weiß, was ich mache, worauf ich mich einlasse, ich bin hot und chill und lowmaintenance, meine Sachen passen in die winzigste Tasche, ich spazier jetzt heim und denk den Rest der Woche nicht an dich – Glück, wenn ich dich bis nächsten Dienstag nicht vergessen hab. Alles in ihrem Blick manchmal. Hoffentlich nicht in deinem. Nicht auszudenken.

Das sind die Tage, an denen die ärgste Frage zurückkehrt: Was nach der 365sten Nacht? Stell dir vor, du hasts geschafft: 1 Jahr lang, ununterbrochen, jede Nacht, eine Frau im Bett. Legende! Und dann? Noch 1 Jahr? 2 Jahre? 10 Jahre? Hält keiner durch, keiner aus, du auch nicht. Nicht 10, nicht einmal 2. Eines vielleicht. Aber wozu … und dann?

Zum Glück weißt du, wie du die schwächsten Tage, die ärgsten Fragen loswirst, dass du in den Spiegel schauen musst und sagen: Du bist so geil, keiner ist so geil, keiner hat jede Nacht eine Frau im Bett, du hast fucking Tinder geknackt. Du hast dein Leben geändert, du hasts jetzt im Griff. Zum Glück weißt du, dass du dich vor allem erinnern musst: Du willst Maries grüne Augen wiedersehen, und Maribels enge Tinderfotobluse wegknöpfen und Sophies Träne zuschauen, lieber als dem Abspann, auf den du bestehst, und Jessys Schulter küssen, während sie deinen Negroni rührt. Du willst das alles, auf nichts willst du verzichten, wozu auch verzichten? Liebe vielleicht? Für diese lächerliche Duselei, für noch eine Kernschmelze, wie bei Anne?

Besser setzt du dich auf die Couch, hämmerst dir irgendeine Musik in die Ohren. Bis du merkst: Zu spät dran fürs nächste Date, für Maribel, ausgerechnet, das kommt davon. Stürmst los, drüber über die blinkende Ampel, der hysterisch durchstartende Mopedfahrer, der Vollidiot, streift dich in echt. Schlotternde Knie, trotzdem weiter. Rennst durch die winkligen engen Gassen, Abkürzung zum Fluss, vorbei an der Sonnenuhr, plötzlich ein Müllwagen vor dir, quietscht, rotiert, stinkt, stinkt erbärmlich. Kein Vorbeikommen. Du stehst angewurzelt, hältst die Luft an, die Knie wackeln, die Rotopresse kreischt, die Rotopresse wiehert ... ausgerechnet. Scheiße. Scheiße. Reiß dich zusammen, Disziplin, Konsequenz ... oder so ... du musst weiter, dein Mittagsdate, Maribels Bluse.

Die Tage mit Steffi

Ekaterina Heider

* 1990 in Sibirien. Autorin und Schauspielerin. Publikationen in Anthologien und Literaturzeitschriften. 2012 Hauptpreis der edition exil sowie das Startstipendium für Literatur des bm:ukk für ihren Kurzprosaband *Meine schöne Schwester* (2013, editon exil). Masterstudium am Institut für Sprachkunst auf der Universität für angewandte Kunst. Ekaterina Heider lebt in Wien und arbeitet an ihrem ersten Roman.

Als Steffi in unser Leben kam, war ich gerade einmal vier Monate in der WG gewesen. Mit uns meine ich Arash und mich. Mit dieser einen Sache kennen wir uns seitdem besser aus. Und mit Blutvergiftungen auch.

Wir saßen draußen vor dem Kramladen, es gab zwei Konzerte. Wir waren wegen der Vorband da, die Schlagzeugerin war mit uns in die Schule gegangen. Ein Gespräch mit ihr ergab sich nicht, bevor sie Zeit für uns finden konnte, waren wir schon mit Steffi abgehauen. Wir beobachteten die Vorbeigehenden, es war heiß, Ende Juli. Ich trank Bier, Arash Soda Zitron, unser Tisch wackelte. Ich hob einen Flyer vom Boden auf, faltete ihn zusammen und schob ihn unter eines der Tischbeine. Als ich mit Arash wieder auf Augenhöhe war, presste er seine Handflächen gegen die Tischkanten.

„Profi" sagte er.

Wir schlugen ein, er nahm eine Zigarette aus der Packung und hinter ihm sah ich sie. Ich sah sie überdeutlich, um sie herum verblasste irgendwie alles.

Es war eine seltsame Zeit, Arash und ich waren auf der Suche nach Abenteuern, neuen Freunden, insgeheim suchten wir beide die große Liebe. Wir hatten nur einander. Eine spezielle Freundschaft, wir kannten uns ewig. Arash musste die Sechste wiederholen und kam in meine Klasse, seitdem waren wir best friends. Kurz nachdem ich einzog, hatten wir es uns angewöhnt, gemeinsam Pornos zu schauen. Dummerweise hatte ich einmal vergessen zu klopfen (zwei Wochen nachdem ich einzog, im März, die Kisten waren noch nicht ausgepackt). Ich war am Zeichnen und konnte meinen Spitzer nicht finden, da saß Arash ruhig da und auf seinem Laptop lief ein Porno und ich konnte sehen, welcher. Er hielt die Hände zuerst vor den Bildschirm, dann vor sein Gesicht. Ich versuchte meine eigene Scham zu überspielen, in dem ich so tat, als wäre es das normalste auf der Welt, obwohl ich am liebsten die Tür wieder von außen verschlossen hätte, aber das erschien mir in dem Moment noch peinlicher.

„Ah, den kenn ich" sagte ich stattdessen ernst und zeigte auf seinen Rechner. Das war natürlich gelogen.

„Hast du einen Bleistift Arash? Sorry, wollte nicht stören." Er gab mir einen Bleistift, ich bedankte mich und ging. Dass ich eigentlich einen Spitzer wollte, erzählte ich ihm einen Tag später.

Wir begannen über Pornos zu reden, dann sahen wir uns einen gemeinsam an, dann den zweiten und drifteten so Schritt für Schritt in eine Welt ab, in der sich Frauen in Strumpfhosen gegenseitig mit Strap Ons penetrierten. Die Strumpfhosen zogen sie dabei nicht aus, da war immer nur ein Loch vorne reingeschnitten, damit das Ding durchpasste. Wir erzählten nie jemandem davon, aber die Pornos hörten auf, als Steffi dazu kam, sie nahm zu viel Raum ein, für Pornos blieb keiner mehr und danach mussten wir Steffi erstmal verarbeiten.

Aber zurück in den Kramladen. Ende Juli, Musik, vorbeifahrende Autos. Zu den Tischen draußen, zu unserem

Tisch mit einem Flyer unter dem Bein. Steffi kam von der Ubahn und steuerte direkt auf den Eingang des Lokals zu. Sie hatte etwas an sich, das ich nicht kannte. Sie ging so selbstbewusst, dass sie fast leuchtete. Als hätte sie ihren Körper gerade erst geschenkt bekommen. Sie bemerkte meinen Blick und erwiderte ihn, wie wenn sie nur darauf gewartet hätte, mit jemandem Augenkontakt aufzubauen. Sie änderte ihr Ziel und ging nicht mehr in Richtung Eingang, sondern direkt auf uns zu. Ich war immer schon gut mit Gesichtern gewesen und ziemlich sicher, dass ich sie zum ersten Mal sah. Etwas an ihr verunsicherte mich. Arash merkte meinen veränderten Gesichtsausdruck und drehte sich ruckartig um, dann wieder zu mir.

„Was ist?" fragte er.

Bevor ich antworten konnte, stand sie schon neben unserem Tisch, ging zwischen uns beiden in die Hocke und sagte

„Na ihr Süßen." Das würde der einzige Satz aus ihrem Mund bleiben, der für mich Sinn ergab. Während sie vor uns hockte, konnte ich ihre Unterhose sehen und versuchte mit aller Kraft nicht hinzuschauen. Sie bestand zur Gänze aus Rüschen. (Im Nachhinein stellte sich heraus, dass Arash und ich beide gedacht hatten, der jeweils andere wäre mit ihr befreundet.)

„Hallo du Süße" sagte ich.

„Servus" erwiderte auch Arash und bot ihr eine seiner Hände zum Einschlagen ein.

„Geil. Ihr seid ja wirklich sweet. Bräuchte Kaugummis, habt ihr welche?" Zuerst dachte ich, sie wäre auf

Drogen. Sie wirkte wie eine Figur aus einem Animationsfilm, die Hauptfigur. Die Heldin. Kaugummis hatten wir keine, aber ich bot ihr den Sessel vom Nebentisch an. Ich dachte mir eine junge Frau, alleine und auf Drogen, wer weiß, an wen sie sonst noch geraten würde, mitten in der Nacht. Ich hoffte einfach, ihr einen angenehmen Trip bereiten zu können. Ich war so naiv, fast so naiv wie Arash war ich. Arash verstand in dem Moment noch nicht einmal, dass sie mit ihrer Art irgendwie auffällig war. Das fiel ihm erst später an der Tankstelle auf.

Sie stand auf und legte ihre Handfläche auf den Tisch. Auf jedem ihrer Gelnägel war eine pinke Feuerflamme.

„Gehma" sagte sie schlicht.

Wir winkten der Schlagzeugerin zu und folgten Steffi, als wäre es absolut selbstverständlich. Sie hatte nur eine Bauchtasche dabei, sonst nichts. Kurzes Shirt, Rock, Sneakers, Kappe, Bauchtasche, goldene Kreolen, Ringe. Eine tiefe Stimme hatte Steffi, ein lautes Lachen und einen Blick, als wäre sie seelenverwandt mit allen. Bei der Tankstelle angekommen, ging sie direkt zu den Kaugummis. An der Kassa bezahlte sie dreißig Stück in verschiedenen Sorten und packte sie in ein Papiersackerl vom Ströck, das sie vorher aus ihrer Bauchtasche herausholte und auseinanderfaltete. In ihrer Hand sah das zerknitterte Ströck-Sackerl aus wie ein Designerstück. Sie zahlte mit Kreditkarte. Das war die erste Kreditkarte, die wir in unserem Leben in echt sahen. Bei jemandem, den wir kannten, meine ich.

Erst als wir wieder draußen waren, stellte sich Arash mit seinem Namen vor, dann ich. Mir wurde klar, dass wir sie beide nicht gekannt hatten. Aber es war zu spät, die Gespräche waren zu deep geworden. Steffi sagte ihr Name wäre Hermann Hesse.

„Ist dir nicht kalt?" fragte Arash gegen drei Uhr, wir spazierten gerade den Donaukanal entlang, er war längst der Träger ihrer Kaugummitasche geworden. Steffi zitterte ein wenig und rauchte eine nach der anderen.

„Dass mir das selber nicht aufgefallen ist, fast philosophisch schon. Es ist verfickt kalt" antwortete sie.

Arash, der Retter, gab ihr seine Weste und sie tauschten Blicke aus, bei denen ich kurz dachte auch Arash hätte was genommen. Ich sah, dass es um ihn geschehen war, der Arme. In derselben Nacht zog Steffi bei uns ein. Wir wussten an dem Abend natürlich nicht, dass sie einzog, aber sie zog ein.

Als ich aufwachte, schlief Arash noch und Steffi hatte sich bereits einen Schlüssel nachmachen lassen. Sie stand rauchend in der Küche und hörte klassische Musik auf ihrem Handy.

„Hey Baby, wo sind die Chilis?" fragte sie mich. Neben ihr lag ein Hund auf dem Boden.

„Wie spät ist es bitte, warum bist du schon wach?", ich war unendlich müde.

„Hast du überhaupt geschlafen?" fragte ich. Sie sah fertig und überdreht zugleich aus.

„Die Konkurrenz schläft nicht" antwortete sie. Der Hund lag entspannt da und hechelte ihren nackten Knöchel an.

„Wo kommt der her?"

„Paolos Hund" meinte sie, als ob sie noch nie von jemandem gehört hätte, der Paolo nicht kennt.

Ich stellte Kaffee auf, sie sah mir dabei zu, kam näher an mich ran, fuhr mir durch die Haare und meinte

„Drei Sachen hätte ich heute, aber wenn du möchtest, ein Friseurtermin geht sich aus. Ich muss das mit den Kaugummis klären vorher, Marko sollte aber um neun da sein. Verspätungen sind nicht sein Ding, neun Uhr. Ich nehm dich mit und lass dich bei Sandra raus, die schneidet extrem gut."

„Wer ist Marko?"

„Mein Chauffeur. Er hilft mir Dinge zu erledigen."

„Und wer ist Paolo?"

Arash ging zuerst aufs Klo, dann kam er in die Küche, der Espressokocher machte seine gewohnten Geräusche, ich nahm ihn von der Platte, schenkte mir selbst ein und stellte die Kanne vor Arash.

„Willst du welchen?" er zeigte auf die Kanne und sah sie an wie ein Kind.

„Danke sweetie, ich muss gleich los. Ahja die Chilis, wo sind die denn?"

Arash tat so als wäre es eine normale Frage, die man sich morgens stellt.

„Glaube wir haben nur Sambal" sagte Arash verlegen. Er trank zuerst einen Schluck von meinem Kaffee, dann holte er sich eine eigene Tasse.

Sie nahm das halbvolle Glas Sambal Oelek aus dem Kühlschrank und steckte es in eine Handtasche, die sie gestern auf jeden Fall noch nicht mit hatte, da bemerkte ich erst, dass sie ein anderes Outfit trug: ein knielanges, himmelblaues Kleid. Auf der Kommode zwischen Küche und Vorzimmer lagen noch mehr Sachen von ihr. Gewand, Zigaretten, Hundespielzeug, Deo, Binden, mehrere Feuerzeuge, ein Camcoder und eine Packung Waffeln.

„Handy, Tschick, Schlüssel, Geld" flüsterte sie vor sich hin während sie in der Tasche wühlte.

„Bello, Baby!" rief sie und klopfte sich auf den Oberschenkel. Der Hund erhob sich träge und folgte ihr.

„Bis am Abend dann." Steffi umarmte uns beide gleichzeitig, viel länger noch als Arash und ich uns normalerweise umarmten. Dann ging sie einen Schritt nach hinten, warf uns Luftküsse entgegen und warf die Tür hinter sich zu.

Wir setzten uns auf den Küchenboden und tranken den Kaffee dort fertig. Arash meinte der Hund wäre doch cool und sie auch. Er wirkte verliebt. Ich erzählte vom dritten Wohnungsschlüssel. Davon, dass sie nicht geschlafen hatte, irgendwo gewesen sein muss. Handtasche, Hund, Kommode, Chauffeur.

„Glaubst du, sie ist reich?"

„Sind Reiche so? Ich weiß es nicht. Das mit dem Chauffeur ist schon weird. Der Hund, meint sie, ist von irgendeinem Paolo, könnte ein Drogenboss sein."

„Wirkt jetzt aber nicht krass auf Drogen" meinte Arash. Wir hatten von diesen Dingen beide keine Ahnung, haben wir bis heute nicht.

„Sie hat gesagt sie muss einiges erledigen heute, etwas mit Kaugummis."

„What? Und das mit den Chilis, was soll das? Die ist irgendwie so geheimnisvoll" meinte er und dann

„Sie wirkt halt schon auch lieb."

„Eh, aber irgendwas ist strange oder?" fragte ich.

„Abwarten" sagte Arash. Er war immer der Ruhepol gewesen. Es schien ihn nicht zu stressen, dass sie da war.

„Das mit den Chilis hat sie mich auch schon gefragt heute. Und dass sie das mit den Kaugummis erledigen muss. Was kann man aber mit Kaugummis erledigen wollen bitte?"

Für mich war es da schon too much. Für Arash wurde es das aber erst nach der Sache mit dem Flug.

Am selben Abend hatte ich Spätdienst. Es war wenig los, nur ein Drittel der Tische war reserviert, sonst eine Viererpartie, zwei Zweier, das wars.

„Sie will mich tätowieren LOL" schrieb Arash.

Ich verstand nicht, wie sie um 23:47 noch die Energie hatte, meinen Arash zu tätowieren, mir fielen halb die Augen zu.

Er schickte ein Foto von einer in Einzelteile zerlegten Tätowiermaschine auf unserem Wohnzimmertisch, im Hintergrund auf dem Boden sah ich Steffis Fuß und einen Hund, aber diesmal war es ein anderer als der, der am Vormittag da war. Es war eine Dogge, der erste Hund war ein Rauhdackel. Ich schloss meine Augen und öffnete sie wieder. Ich sperrte meinen Bildschirm, entsperrte ihn wieder und sah noch einmal ungläubig hin.

„Neuer Hund?" schrieb ich zurück.

„Fuck, ahja stimmt" kam von Arash.

Ich kam gegen drei Uhr nach Hause, Arash lag auf der Couch und schlief auf seinem eigenen Arm, auf dem anderen, von Frischhaltefolie umwickelten Arm, hatte sich Steffi mit einem Dollarzeichen verewigt. Auf dem Tisch standen ein paar Fläschchen mit Farben und kleine Plastikkappen, die damit gefüllt waren. Durchsichtiges Papier, violettes Papier, Küchenrolle, Latexhandschuhe. Steffi saß am Fußende der Couch und zeichnete.

„Willst du auch?" fragte sie mich, aber ich wollte nur schlafen.

„Hast du das erledigen können, mit den Kaugummis?" fragte ich. Ich wollte mehr über sie erfahren und hatte Angst etwas Falsches zu sagen.

Sie nickte.

„Mein Flug geht morgen um neun Uhr zehn."

„Wohin fliegst du?"

„Kanada, Ottawa" sagte sie.

„Und was machst du dort?"

Sie erzählte von einer Freundin, die nach Ottawa ausgewandert war und dort ein Business hatte, Multilevelmarketing, Nahrungsergängzungsmittel, Säfte, Pulver. Man müsse das Ganze nur richtig aufziehen.

„Und was machst du jetzt?"

„Ein paar Sachen abschließen. Wichtiges. Steht schon länger aus."

„Ich meine beruflich."

„Ich meine auch beruflich" sagte sie.

„Und das mit den Chilis?"

„Das mit den Chilis ist beruflich. Ist eine Art Auftrag."

Mir war klar, dass ich nicht mehr Info aus ihr rausbekommen würde und ich dachte mir, scheiß drauf, morgen ist sie ohnehin wieder weg, dann können wir wieder normal leben, Arash und ich, und was von ihr bleiben würde, wäre das Dollarzeichen auf seinem Arm.

„Ahja Steffi, ist das ein neuer Hund jetzt, wo ist der andere?"

„Wer ist der andere?"

„Paolos."

„Der ist auch Paolos."

Manchmal war es so, als ob ich ihre Sprache nicht verstand. Ich schlief schlecht, wachte immer wieder auf. Aus dem Wohnzimmer lief die ganze Nacht abwechselnd leise Radio oder irgendwelche Sonaten. Ich fragte mich, ob Arash vom gebuchten Flug gewusst hatte oder ich es ihm erst schonend beibringen würde müssen. Falls sie ihn nicht weckt, dachte ich.

Ich schaute auf mein Handy, es war neun Uhr. Ich hatte verschlafen, wollte mich eigentlich noch verabschieden. Im Wohnzimmer lief noch immer klassische Musik aus den Boxen, Arash schlief noch immer auf seinem Arm, auf dem Boden lagen überall Teile einer zerfetzten, gebrauchten Binde, die die Dogge wohl aus dem Mistkübel geholt haben muss. Ich schämte mich ein wenig, obwohl es nicht meine war. Die Dogge lag auf der Couch und furzte.

Auf dem Tisch lag ein Zettel.

FLIEGE DOCH NICHT

MUSS ERST NÄGEL MACHEN LASSEN

BIN BEI GEL GENIUS
BUSSI.

Ich wusste nicht, wie teuer so ein Flug nach Kanada gewesen sein muss, aber die Nägel wären vor Ort sicher günstiger gewesen.

Ich setzte mich leise zu Arash. Während er aufwachte, klingelte ein Handy. Sie hatte es dagelassen, alles dagelassen, außer ihr Geld.

Paolo stand am Display.

„Soll ich?" fragte ich. Arash wusste es auch nicht.

„Hi" sagte ich und dachte an den ersten Hund, den Rauhdackel. Der Typ klang überhaupt nicht nach Drogenboss. Er hatte eine entspannte Stimme und sprach langsam und verständlich. Ich war überrascht, als er sich als ihr Partner vorstellte. Dann kam ein Rauschen, ich schloss kurz die Augen. Das Rauschen war in mir, in meinen Ohren. Ihr Partner sprach, ich hörte „Manie", „Mutter", „Schulden", „Entschuldigung", „Klinik", „Krankheitsbild", „unser Hund", und am Ende „Gott sei Dank ist nichts Schlimmeres passiert." Während er sprach, wurde der Raum um mich herum kleiner und dann wieder größer.

Ich gab wie ferngesteuert unsere Adresse durch und versuchte Arash, der mich verstört und fragend ansah, mit Handbewegungen zu beruhigen.

Wir räumten die Bindenfetzen weg, Paolo kam und holte ihre Sachen. Die Dogge nahm er auch mit. Steffi war weg. Arash weinte.

Dann tauschten wir das Schloss aus und kauften ein neues Glas Sambal Oelek.

Ahja. Und einen Vierzeiler schrieb Arash noch, nachdem Steffi weg war. Er schickte ihn mir aus seinem ersten Dienst, seine Zeitausgleich-Woche war zu Ende gegangen.

Ich schämte mich ein bisschen für sein Gedicht, oder was auch immer das war, aber herzte die Nachricht trotzdem.

Von der Angst, die menschliche Sprache zu vergessen

Martin Peichl

Foto: Johanna Schmidt

Martin Peichl lebt als Autor und Literaturvermittler in Wien. Er ist Kurator der Literaturmeile Zieglergasse. Zuletzt erschienen: *Gespenster zählen* (Kremayr & Scheriau, 2021). Sein nächster Roman erscheint im Herbst 2024 bei Haymon, Arbeitstitel: *Es sind nur wir* (die Wortlaut-Kurzgeschichte ist ein Vorgeschmack darauf).

Es ist der Sommer, bevor sich Paul das Leben nimmt. Der Juli und August liegen vor mir wie ein unbeschriebenes Notizbuch. Wie immer habe ich mir vorgenommen, in den Ferien mein Leben komplett zu ändern. Alles in den Griff zu bekommen, was mir während des Schuljahres entglitten ist. Ich will mich gesünder ernähren, weniger trinken, mehr Sport machen, Schwimmen gehen, zum Beispiel, ich will meine Bücherregale sortieren, die eine oder andere Reise unternehmen.

Warum wir lügen: Ich lüge, wie ich Bier trinke. Das erste aus Gewohnheit, das zweite, weil es mir schmeckt, das dritte, weil es auch schon egal ist, das vierte, weil ich noch nicht nach Hause gehen möchte. Das fünfte, weil ich wissen will, ob es Grenzen gibt. Für mich.

Auf meinem Nachhauseweg flaniere ich durch einen der Randbezirke, mache Fotos von aufgelassenen Geschäften, ihren leergeräumten Auslagen. Wie die meisten Bilder auf meinem Handy werde ich sie nie wieder anschauen. Die erste Hitzewelle des Sommers sorgt dafür, dass die Menschen sich merkbar langsamer durch die Stadt bewegen. Wir warten auf Regen, aber er kommt nicht.

Warum wir lügen: Wir haben aus dem Wort MORGEN eine Deponie gemacht. Wir behaupten, unsere Ziele und Vorstellungen dort nur zwischenzulagern. In Wahrheit aber haben wir sie bereits sachgerecht entsorgt.

Mascha und ich sind in diesem Sommer mehr oder weniger zusammen. Wir haben Konzertkarten. Während die Sonne langsam untergeht und alles in ein furchtbar kitschiges Licht hüllt, wird die Musik immer lauter. Ab dem dritten Bier liebt mich Mascha ein wenig mehr und ich sie auch irgendwie. Wir reden von Zusammenziehen, planen einen Trip nach Istrien, wollen ans Meer. Es ist ein Abend, an dem alles einen fixen Preis hat, wie der Pfandeinsatz auf die Plastikbecher, in die wir uns das Bier füllen lassen. Es ist ein Abend, an dem wir vergessen, dass Inflation existiert.

Warum wir lügen: Ich liebe dich, sage ich zu Mascha, als ich mir sicher bin, dass sie bereits eingeschlafen ist.

Nicht zum ersten Mal überlegen wir, ob wir uns ein Haus am Land kaufen sollen. Einen Vierkanthof, zum Beispiel, den man nur über einen Feldweg erreicht. Und gleich dahinter ein dichter Wald. Ein idealer Ort, um jeden Sommer dort zu verbringen. Warum nicht unser restliches Leben. Wir finden schnell heraus, dass wir nicht genug Geld haben. Können uns kaum noch die steigenden Mieten leisten.

Warum wir lügen: Vielleicht ist eine offene Beziehung die Lösung, schlägt Mascha vor.

Wir haben uns ein Auto gemietet. Die Hitze in Istrien ist angenehmer als die Hitze in der Stadt. Ich mache Fotos von Mascha am Steuer, von ihrem Haar, das beim offenen Fenster rausflattert, wie in einer Werbung für Shampoo. Wenn im Radio ein Song kommt, den wir kennen, drehen wir lauter. Am Abend kochen wir in unserem Apartment, schauen kroatisches Fernsehen und ich verstehe kein Wort. Wir schlafen spät ein, wachen spät auf. Wenn ich mir jetzt Fotos von der Reise anschaue, könnte man Mascha und mich mit glücklichen Menschen verwechseln.

Warum wir lügen: In meiner Schulzeit habe ich gelernt, dass sich Parallelen im Unendlichen berühren. Mittlerweile weiß ich: Die Unendlichkeit ist eine Erfindung der Mathematik, um Probleme zu lösen, die sie selbst geschaffen hat.

Mascha und ich ziehen nicht zusammen. Sie muss für ein Projekt in eine andere Stadt, nur ein paar Monate, aber wir wissen beide, dass wir nicht dafür gemacht sind. Also lassen wir es gut sein. Und am Ende der Ferien bin ich immer noch derselbe. Das ist die vielleicht größte Enttäuschung. Ab Montag ist wieder Schule und ich bin immer noch ich. Ein neuer Stundenplan, ein paar neue Kolleginnen und Kollegen, ein paar neue Gesichter in den Klassen, die ich unterrichten werde.

Warum wir lügen: Wir zweifeln an der Grammatik, mit der wir aufgewachsen sind, an den Grenzen der Sprache, die durch unseren Kopf, durch unseren Mund hindurch verlaufen.

Paul hat einen neuen Haarschnitt. Paul, der mit großem Stolz den schulinternen Rekord hält für beim Fußballspielen in der Hofpause eingeschossene Fenster, der mir einmal erzählt hat, dass sein Vater überlegt hat, ihn aus der Schule zu nehmen, damit er eine Glaserlehre anfangen kann. Paul, der seine Mutter am Elternsprechtag zu mir geschickt hat, weil Informatik eines der wenigen Fächer war, in denen er nicht kurz vorm Durchfallen war, ich soll ihr bitte irgendwas Nettes sagen, gerne auch lügen. Paul, der sich während eines Ausflugs mit der Klasse neben mich gestellt hat, mit aufgesetzter Sonnenbrille verkündet hat, für den restlichen Tag mein Bodyguard zu sein, und nicht mehr von meiner Seite gewichen ist. Paul.

Warum wir lügen: Zwei Monate später werde ich einer Psychologin gegenübersitzen und sie wird Fragen stellen, auf die ich keine Antworten habe.

*

Der Lichtblitz einer Atombombe dauert kaum eine Sekunde. Nicht nur die Haut von Menschen wird millimetertief verbrannt, auch auf Wänden hinterlässt die freigesetzte Energie Spuren. Monatelang sieht man sogenannte Schattenbilder, Erinnerungen an die Menschen, die zum Zeitpunkt der Explosion im Raum waren. Ihre Umrisse werden im Moment des Todes in die Umgebung eingebrannt, zeigen Bewegungen, die nicht zu Ende geführt wurden, eine Hand, die nicht rechtzeitig vors Gesicht gehalten werden konnte, zum Beispiel.

Wenn ein Kind stirbt, passiert etwas Ähnliches. Das restliche Schuljahr über sehe ich Pauls Schatten. An seinem leeren Platz in der Klasse. Im Treppenhaus. Im Pausenhof. In der Schlange vorm Schulbüffet. Ich sehe Pauls Schatten, immer ist er in Bewegung, er dribbelt, als müsste er einen Gegenspieler austricksen, sprintet und springt durch mein Sichtfeld, nicht so hoch, will ich schreien, aber der Schatten hört nicht auf mich, der Schatten springt hinein in einen breiten Streifen Licht und löst sich auf.

Das restliche Schuljahr über steht Pauls Name noch in meiner Klassenliste, jedes Mal, wenn ich Noten eintrage, sehe ich ihn. Ich schaffe es nicht, den Namen durchzustreichen oder eine neue Liste anzulegen. Auch im Computersystem ist Paul zu einem Schatten geworden, offizieller Status: ABGEMELDET.

Wenn wir an zerbrechendes Glas denken, denken wir an ein Klirren, das kurz darauf folgende Aufprallen, Wegspringen und Weiterschlittern der Scherben, dann denken wir an unsere weichen Fingerkuppen, und dass wir vorsichtig sein müssen, damit wir uns nicht schneiden an den Bruchstellen. Dass auch offene Fenster zerbrechen können, war mir neu. Noch immer sehe ich Pauls Umriss, gerahmt vom einfallenden Licht der Nachmittagssonne, noch immer höre ich das alles andere übertönende Klingeln der Schulglocke, das in diesem Moment mehr als nur das Ende der Pause markiert. Und ich: bin einen Schritt zu langsam. Und er: macht einen Schritt zu viel. Die Schwerkraft, die Paul nach unten zieht, ist dieselbe Schwerkraft, die mir die Zigarette aus der Hand reißt, die ich mir in der Freistunde anzünden wollte.

Die Fenster im Schulgebäude haben jetzt Schlösser und können nur mehr von Lehrpersonen und Schulpersonal aufgesperrt werden. Niemand macht mir einen Vorwurf. Nicht die Schulleitung. Nicht die Polizei. Nicht die Eltern. Niemand am Begräbnis. Ich drücke die Hand von Pauls Vater, ich drücke die Hand von Pauls Mutter, sie drückt zurück, sagt: danke für alles, sie sagt, dass sie sehr zu schätzen weiß, was ich für ihn, was wir alle für ihn, ich sage nur: Er wird uns fehlen.

*

Es ist der Winter, nachdem sich Paul das Leben genommen hat. Einmal in der Woche rede ich mit der Psychologin, die mir empfohlen wurde. Die Kolleginnen und Kollegen behandeln mich anders, sage ich. Vielleicht bilde ich mir das auch nur ein, relativiere ich. Wie sich das äußert, will die Psychologin wissen. In Dezibel, antworte ich. Wenn sie mit mir reden, dann nur mit gedämpfter Stimme, ein paar Dezibel leiser. Als vor Pauls Suizid, ergänzt sie. Ich nicke.

Ich lerne, warum man das Wort Selbstmord vermeiden sollte. Weil eine Beurteilung der Tat mitschwingt. Weil es sich um kein Verbrechen handelt. Auch weiß ich jetzt, dass man aufgehört hat, Trauer in Phasen einzuteilen. Ich kann beschreiben, wo ich gerade bin mit meinen Gefühlen, schlägt die Psychologin vor. Selten zuvor ist mir Sprache so unbrauchbar vorgekommen.

Die meisten Nächte fällt es mir schwer, durchzuschlafen. Ich lerne, dass es ein Wort gibt für die Farbe, die man in kompletter Dunkelheit sieht. Eigengrau. Eine Farbe, die vom Auge heller wahrgenommen wird als schwarz. Ich liege wach in meinem Bett und vergleiche das Dunkel, das ich mit offenen Augen sehe, mit dem Dunkel, das ich mit geschlossenen Augen sehe. Warte, bis ein neuer Tag anbricht und ich wieder in die Schule gehen kann.

Es ist der Winter, in dem meine Mutter anfängt, Dinge zu vergessen. Ich besuche sie, so oft ich kann, fahre mit ihr zu Ärztinnen und Ärzten. In Einzelgesprächen lasse ich mich beraten, wie wir den Verlauf verlangsamen können. Wir gehen viel spazieren, spielen alle Brettspiele, die wir im Haus haben, ich lasse mir von ihr alte Fotoalben zeigen, frage sie nach den darauf zu sehenden Menschen. Will jede Geschichte hören.

Die Seiten, auf denen mein Vater zu sehen ist, überblättern wir meistens, ohne viel zu sagen. Ich will noch einmal hören, wie sie ihn kennengelernt hat. Sie lacht, sie hat ihn nicht kennengelernt, er war immer schon da. Der Vorteil oder auch Nachteil, wenn man im selben Dorf aufwächst, sagt sie. Dass sie ihn einmal heiraten wird, wäre ihr nie in den Sinn gekommen. Es waren immer andere Männer, mit denen sie in der Disko war. Aber er war es, der sie dann abgeholt hat, egal um welche Uhrzeit. Und als sie das erste Mal neben ihm auf dem Beifahrersitz eingeschlafen ist, hat sie sich ein wenig verliebt in dieses Gefühl. Dass da jemand ist, der sie nach Hause bringt.

Am Weihnachtsabend tauschen wir Geschenke aus. Meine Mutter hat einen kleinen Baum aufgestellt und geschmückt. Am Wohnzimmertisch brennt eine Kerze, daneben selbstgemachte Kekse. Oh je, da muss ich ja wieder neue Regeln lernen, sagt sie, als sie das Kartenspiel auspackt, das ich für sie gekauft habe. Wie es mir in der Schule geht, will sie später wissen. Ich erzähle ihr von der Weihnachtsfeier, von dem Lokal, in dem wir gefeiert haben. Dass ich irgendwann so betrunken war, dass ich nicht mehr stehen konnte, mich nicht erinnern kann, wie ich heim in meine Wohnung gekommen bin, lasse ich aus. Draußen hat es zu schneien begonnen, dicke Flocken schweben durch den Lichtkegel der Straßenlaterne vor unserem Haus. Ich mische die Karten. Es ist wirklich nicht kompliziert, verspreche ich meiner Mutter. Sie hört konzentriert zu und gewinnt die erste Partie.

*

Mascha und ich, wir wollen es noch einmal miteinander probieren. Das heißt, ich habe eine Zahnbürste in ihrer Wohnung und sie hat eine Zahnbürste in meiner. Das heißt, wir reden davon, dass ich irgendwann ihre Eltern, dass sie irgendwann meine Mutter. Nur nichts überstürzen, sagen wir, meistens schon im nächsten Satz.

Vögel müssen ihren Gesang erlernen, wie eine Sprache. Wie beim Menschen kann es auch hier zu Sprachfehlern kommen, bedingt durch äußere Einflüsse wie Verkehrslärm. Auch kann sich Isolation auf das Singverhalten von Vögeln auswirken, sie singen dann mitunter bis zur völligen Erschöpfung, weil ihnen der Kontakt zu Artgenossen fehlt.

Ich erreiche meine Mutter nicht. Gestern schon hatte sie ihr Handy nicht eingeschaltet, heute wieder nicht. Ich mache mir Sorgen, sage ich zu Mascha, das sieht ihr nicht ähnlich. Ob ich mir ihr Auto ausborgen kann. Aber Mascha hat eine bessere Idee. Wir packen zusammen, für die paar Stunden Fahrt brauchen wir nicht viel. Ich schnalle mich an und Mascha fährt los.

Was genau Vögel mit ihrem Gesang sagen wollen, ist noch nicht gänzlich erforscht, natürlich geht es um Anlocken und Verführen, um das Markieren des Reviers, aber neben den Strophen und ihrer Abfolge sind es vor allem wenige Millisekunden andauernde Variationen des Schalls, in die sie Informationen packen, die wir bis jetzt noch nicht vollständig decodiert haben.

Ich male mir aus, was meiner Mutter zugestoßen sein könnte. Sehe sie die Treppen hinunterstürzen, mit gebrochenen Knochen und aufgeschlagenem Kopf verbluten, ich sehe, wie sie sich im Wald verläuft und nicht mehr herausfindet, wie die Dunkelheit über sie hereinbricht, sehe sie friedlich eingeschlafen in ihrem Bett, unter einer dicken Decke und der Überzug riecht frisch gewaschen. Mascha fährt so schnell sie kann. Es wird langsam finster, in den ersten Häusern gehen die Lichter an. Nur noch eine Handvoll Dörfer, dann sind wir da, sage ich zu Mascha.

Die Scheinwerfer beleuchten endlich das Ortschild, ein paar Hundert Meter noch, dann sind wir da. Das Haus ist dunkel, als wir in die Einfahrt biegen. Ich sperre die Tür auf, rufe nach meiner Mutter. Damit sie nicht erschrickt, denke ich. Keine Antwort. Der Vorteil, wenn man in einem Haus aufgewachsen ist: Die Hände finden ohne Umwege jeden Lichtschalter. Wir betreten den Flur, Mama, sage ich laut und noch einmal lauter. Es sind nur wir, sage ich. Und: Keine Sorge. In diesem Haus kann ich jedes Geräusch seiner Quelle zuordnen. Jetzt gerade höre ich nichts.

In der Regel lernen Jungvögel ihre Sprache von ihrem Vater. Sie speichern seinen Gesang ab und gleichen die von ihnen hervorgebrachten Laute mit der Zeit an diese Vorlage an. Von einer genetischen Veranlagung getrieben, üben sie so lange, bis kein Unterschied mehr zu hören ist.

Meine Mutter ist in der Küche, mit dem Gesicht nach vorne gekippt liegt sie auf einem aufgeschlagenen Fotoalbum. Daneben verteilt die restlichen Alben, über Tisch und Sitzbank und Boden. Das Licht der Deckenlampe erreicht zuerst ihre Haare, vermischt sich mit den Farben ihres Pullovers. Ich betrete langsam den Raum, Mascha bleibt im Türrahmen stehen, Mama, sage ich leise und greife nach ihrer Schulter. Meine Mutter atmet, meine Mutter wacht auf, aus einem tiefen Traum, aus einem anderen Leben. Ich muss eingeschlafen sein, sagt sie und setzt sich auf, reibt sich mit beiden Händen die Augen. Wie spät ist es, will sie von mir wissen, wie lange habe ich geschlafen. Oh, hallo, sagt sie, als sie Mascha sieht, die noch immer in der Tür steht. Schön, dass ihr mich mal besuchen kommt.

Wir sitzen am Küchentisch, Mascha rechts von ihr, ich links von ihr, wir blättern in den alten Fotoalben, meine Mutter will wissen, wer all diese Menschen sind, will jede Geschichte hören. Die Seiten, auf denen mein Vater zu sehen ist, lassen wir extra lange aufgeschlagen. Sie fährt mit ihren Fingern über die Fotos und ich erzähle ihr noch einmal, wie sie ihn kennengelernt hat. Von dem Autounfall, den sie gehabt haben, auf der Heimfahrt von der Disko. Von dem sie nichts mitbekommen hat, weil sie eingeschlafen war am Beifahrersitz.

Dass auch mein Vater kurz eingeschlafen sein muss, sie aber beide unverletzt ausgestiegen sind aus dem Auto, das sich mehrfach überschlagen hatte. Danach war klar, dass wir heiraten werden, sagt meine Mutter plötzlich, und richtet sich auf.

Ich schaue über das Fotoalbum zu Mascha, finde ihren Blick, sie lächelt. Ich glaube, ich habe mich ein wenig verliebt, in dieses Gefühl. Dass da jemand ist, der mich nach Hause bringt. Ob wir noch ein wenig bleiben wollen, fragt meine Mutter, sie macht uns gerne noch eine Kleinigkeit zu essen. Sie überzieht uns auch das Bett in meinem alten Zimmer. Sicher, sagt Mascha. Sicher, sage auch ich.

*

Auf der Rückfahrt erzähle ich Mascha das erste Mal von Paul.

Stell dir vor: Paul rutscht im Werkunterricht mit der Laubsäge ab, der Schnitt ist nicht tief, wir kleben ein Pflaster auf den Finger, das wird wieder, sage ich, er nickt. Oder: Paul stürzt im Innenhof, beim Versuch einen Gegenspieler auszutricksen, beim Versuch vorm Ende der Pause noch ein letztes Tor zu schießen, sein rechtes Knie ist aufgeschürft, wir drücken ein Taschentuch dagegen, wir lassen Wasser über die Wunde laufen, das wird wieder, sagt Paul, ich nicke. Oder: Paul weiß nicht, wie man eine Krawatte bindet, seine Klasse hat beschlossen, sich fürs diesjährige Gruppenfoto besonders schick anzuziehen, ich helfe ihm, richte den Knoten, bis er sitzt. Ob das normal ist, keine Luft zu bekommen, fragt Paul und zupft an seinem Kragen. Ich befürchte ja, antworte ich. Wir nicken einander zu, wie zwei Menschen, die ab jetzt ein Geheimnis teilen.

Mascha nimmt ihre Hand vom Lenkrad, greift nach meiner. Erzähl mir mehr, sagt sie.

Messer, Gabel, Schere, Licht

Mario Petuzzi

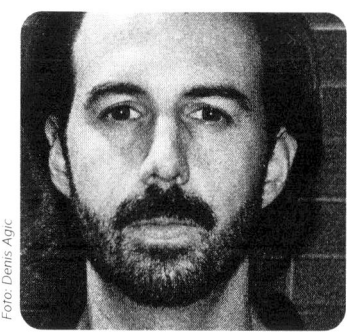

Foto: Denis Agic

* 1989 in Hall in Tirol, arbeitet als Bankangestellter, lebt mit der Familie in der Nähe von Innsbruck. Studium Wirtschaft & Management sowie Vergleichende Literaturwissenschaften in Innsbruck und São Paulo.
Seit 2018 Veröffentlichungen in Literaturmagazinen und Anthologien. 2021 Stipendiat beim Klagenfurter Literaturkurs sowie Gewinner des Literaturpreises des Landes Kärnten für Kurzgeschichten. 2022 Finalist beim Irseer Pegasus und Stipendiat der Autor*innen Werkstatt Prosa am Literarischen Colloquium Berlin.

Die Küche ist lang. So lang, du findest den Ausgang nicht. Auf und ab stapfst du, zählst deine Schritte durch den Schlauch weißer Küchenfronten. Minutenlang in eine Richtung, bis es aussichtslos ist und du wieder umdrehst. Zweimal kommst du an derselben Herdplatte vorbei. Jedes Mal ist sie auf der falschen Seite. Wenn du beim Zurückgehen, wieder daran vorbeikommst, muss sie dann links oder rechts sein? Du ziehst eine Schublade zu fest aus der Lade. Klirrend macht das Besteck einen Sprung. Es riecht nach frischer Farbe. Aus allen Schubladen, Fächern und Kästen riecht es nach frischer Farbe. Die Wohnung war früher ein Haus. Jetzt ist sie ein Schlauch. Du bist ein Kind.

Alle paar Jahre haben sie das Haus gestrichen. Mutter und Vater. Innen. Außen. Schrammen und Kratzer unter Farbe versteckt. Bis die Farbe auf dem Verputz Blasen geworfen hat, von der Decke auf das Parkett und die Fliesen getropft ist. Die Farbe ist von der Fassade auf dem Rasen gelandet, bis der Regen sie von den Halmen gewaschen hat.

Du greifst dir Messer und Gabel, lehnst sie aneinander und klemmst die Messerschneide zwischen die Zinken der Gabel, dass sie sich gegenseitig Halt geben. Du gehst weiter. Dreimal kommst du an Gabel und Messer vorbei. Jedes Mal sind sie auf derselben Seite. Du kannst dich nicht erinnern, umgedreht zu haben. Aber auch dann wäre es verkehrt. Du trennst Messer und Gabel und ritzt eine Kerbe ins Holz. Die Gabel lässt du liegen. Du gehst ein paar Schritte. Zählen lohnt sich nicht. Aber wenn du dich das nächste Mal umdrehst, ist die Gabel verschwunden. Auch die Kerbe im Holz nicht auszumachen.

Was tust denn? fragt eine Stimme. Sie muss dich meinen oder das Messer. Die Stimme der Frau ist jünger als ihr Gesicht. Das Gesicht jünger als ihr Gestell. Die Haare wie bei einer Großmutter. Nicht bei deiner. Die ist längst tot. Alle sind sie tot. Nur weißt du nicht zu sagen, wer aller.

Gib her, sagt die Frau.

Du schreckst zurück und lässt das Messer fallen. Blut ist da keines. Nur der Geruch von verbranntem Plastik. Die Frau marschiert an dir vorbei, nimmt den Wasserkocher von der Herdplatte, der auf dem Hitzering blaue Fäden zieht, die zu kokeln beginnen.

Das war ja mal wieder knapp, sagt sie und kneift dir in die Wange, bis du deine Falten zurückbekommst.

*

Der Fernseher will nicht. Er knistert und knackt. Du hättest die Gabel nicht benützen sollen. Dabei wolltest du nur die Lautstärke regeln. Irgendwo am Fernseher müssen Knöpfe sein. Aber die Rückseite ist nicht da. Als hätte man einem Gesicht den Hinterkopf abgesägt. Jetzt steckt die Gabel in den Lüftungsschlitzen.

Es brummt. Es riecht nicht nach Verbranntem. Dabei willst du nur die Karlich schauen. Je nachdem, wie du die Gabel bewegst, ist ihre Stimme zwischendrin zu hören. Aber sobald du wieder nach vorne kommst, ist das Bild weg. Du lässt es gut sein, legst dich in den ledernen Massagesessel, kippst die Beine hoch und den Sitz nach hinten. Die verbauten Walzen kneten deinen Rücken. Früher hast du oft den ganzen Tag ferngeschaut. Stundenlang Talkshows. Menschen, die sich darüber streiten, wie man zu leben hat. Alle stellen sie die gleichen Fragen. Keiner kennt die Antwort.

Du musst eingeschlafen sein. Draußen ist es Abend und innen brennt das Licht. Es läuft „Die Millionenshow" und auf dem Schoß liegt der Teller mit einem angebissenen Wurstbrot. Auf der Fernsehzeitung am Tisch steht eine Schale Früchtetee. Der Tee ist kalt und ohne Zucker. Du kannst die Frage nicht lesen. Die Schrift ist verschwommen. Oder das Bild. Du wartest bis der Assinger die Frage vorliest.

Du hattest mal eine Brille. Die Ärztin hat dich durch klackernd wechselnde Linsen lugen lassen, die Mutter mit dir zum Optiker geschickt, weil du die Namen der Buchstaben in der untersten Reihe falsch geraten hast. Ein Jahr lang hast du die Brille getragen. Dann einfach nicht mehr. Das Etui mit dem Putztuch und der Brille ganz unten im Rucksack verstaut.

Das gebe es, hat die Augenärztin der Mutter erklärt, die Augenschwäche wachse sich aus. In einem Jahr wieder zur Kontrolle.

Das ist das letzte Mal gewesen, dass du die Ärztin gesehen hast.

Vielleicht ist es jetzt genau so. Nur umgekehrt. Die Augen werden wieder schlechter, schneller, als sie besser geworden sind.

Wie lange dauert ein Montag auf der Erde? liest der Assinger die Frage.

Du verstehst die Frage nicht.

Hat was mit den Gezeiten zu tun, hörst du eine Stimme, glaubst, sie sei im Kopf, aber kommt dann doch von der Frau, die hinter dir auf der Couch sitzt und strickt.

Mondtag. Wie der Mond.

Du bist im Wasser gestanden, auf der Halbinsel aus Kies, und hast nach flachen Steinen im Boden gewühlt. Mutter ist mit dem Bekannten auf der Bank oben gesessen und hat dir zugeschaut. Früher Abend. Noch hell. Eins. Zwei. Drei. Nie öfter als dreimal. Egal, wie oft du es versucht hast. Jeder Stein ist nach dem dritten Aufprall im Wasser gelandet. Eins. Zwei. Drei. Wieder und wieder. Es kann nicht lange gedauert haben. Du wolltest den Weg zurück. Aber da ist kein Weg mehr gewesen. Aus der Halbinsel war ein Eiland geworden. Im Zeitraffer hat sich die Insel unter dem Mond zusammengezogen. Eins. Zwei. Drei. Drei Schritte in jede Richtung. Mehr Platz hat es nicht gegeben. Du hast nicht lang überlegt. Bist in Wasser gestiegen und ans Ufer gestapft. Die Jeans bis unter die Knie nass. Die Mutter hat später erklärt, sie wäre es gewesen, die ganz auf die Zeit vergessen habe. Deswegen hast du auch keine Ohrfeige bekommen. Am Nachhauseweg hat die Mutter den Bekannten an der Hand genommen und dir Ebbe und Flut erklärt.

Dem Kandidaten hilft das nicht. Der nimmt die falsche Antwort. Du weißt die richtige. Sagst sie dir laut vor. Sagst sie der Frau. Der Moderator loggt die Antwort ein. Die Antwort ist richtig. Ihr seid beide eine Runde weiter.

*

Der Hunger ist groß. Du nimmst den ersten Bissen. Nimmst die Gabel und stichst in den ersten Bissen Fleisch. Du kaust und schluckst und nimmst den ersten Bissen Fleisch. Du kaust und schluckst und kaust und schluckst und bevor du mit dem Essen anfängst, ist der Teller leer.

Mehr gibt's nicht, sagt die Frau. Sonst wird dir wieder schlecht.

Dabei läuft dir das Wasser im Mund zusammen, hast du den Geschmack vom Gulasch schon auf den Lippen. Du steckst dir die Finger in den Mund. Da ist ein Zahn, der sitzt locker. Du ziehst am Zahn und es ist ein Brocken Fleisch.

Mehr gibt's nicht, sagt die Frau jetzt wieder, obwohl du nichts gesagt hast. Mit dem Ärmel fährst du dir über den Mund. Der Ärmel ist orange und die Farbe sieht aus, wie es in deinem Mund schmeckt.

Nur noch zwei Bissen, sagst du und glaubst, dass das der Satz ist, den zu sagen, jetzt am klügsten ist.

*

Die Schritte sind schwer. Du zählst sie ab. Bei vierundachtzig bleibst du stehen. Dann zählst du zurück bis null. Das Zählen dauert jedes Mal unterschiedlich lang. Manchmal gehen die Zahlen durch und du musst warten, bis sie wieder in Ordnung sind. Wie ein Storch stakst du durch das Haus, der sich bei Null selbst als Neugeborenes bringt. Manchmal bringt dich das Zählen durcheinander. Du legst dich auf den Boden und kommst von selbst nicht mehr hoch. Du keuchst und rufst, bis jemand kommt und dir hochhilft.

Keine Sekunde kann man dich aus den Augen lassen, sagt die Frau.

Am Abend erzählt sie es am Telefon.

Keine Sekunde, sagt sie.

Dabei hast du mitgezählt. Die Sekunden. Die Schritte. Es sind keine übrig geblieben.

Alleine ist das nicht zu schaffen. Ich brauche Hilfe, sagt die Frau.

Du weißt von den anderen Kindern, von deren Kindern, die auch Kinder haben, die alle nicht wissen, dass das Zählen nicht hilft.

*

Die Stimmen sind laut. Du kennst die Gesichter, die sich da neben dir durcheinandermischen wie Karten. Mal einer links und einer vorn, jemand hinten und neben dir oder zwei zu beiden Seiten, eingehängt den Radweg lang. Drehst du den Kopf, glaubst du, dass jemand fehlt.

Ein kleiner Spaziergang, sagen sie. Nichts Großes. Den asphaltierten Streifen den Fluss entlang.

Die erste Sitzbank lasst ihr aus. Der Föhn fährt durch die Bäume, bläst euch um die Schädel.

Das Wetter war auch schon mal besser.

Wird Zeit jetzt, dass es langsam warm wird.

Dauert auch jedes Jahr länger.

Du weißt nicht, welche Stimme welchem Gesicht gehört. Die Gesichter tauschen die Plätze. Die Stimmen bleiben an Ort und Stelle. Das Klopfen ihrer Schritte stört den Rhythmus ihrer Sätze. Sie wollen rein. Dir ist nicht kalt. Nur in den Fingern, aber die sind ohne Gefühl.

*

Die Reden sind groß. Bei Kaffee und Kuchen sitzt du mit am Erwachsenentisch und überlegst, wie man die Gabel richtig hält. Du versuchst es dir abzuschauen. Aber sie sprechen, während sie kauen, fuchteln sich mit der Gabel gegenseitig vor dem Gesicht. Landtagswahlen. Bundesliga. Tennis. Zweiter Weltkrieg. Sie sind selbst überrascht, wie sie da jetzt hingekommen sind. Lieber übers Geld. Aber so, dass nicht nur du nichts mehr verstehst. Aber weil du mittlerweile am wenigsten verstehst, von der Welt, vom Leben und vom Essen mit Besteck, krallst du die Finger in den Kuchen und stopfst ihn dir in den Mund. Alle schauen sie dich an. Keiner sagt etwas, während du dir die Sahne von den Fingern schleckst. Ein Mann wischt dir mit der Serviette die Finger ab. Eine Frau fährt dir mit einem nassen Geschirrtuch über den Mund.

Jetzt seht ihr mal. So geht's mir den lieben langen Tag. Von morgens bis abends. Begreift ihr's jetzt endlich, dass das so nicht mehr weitergehen kann.

Du schluckst alles hinunter, öffnest den Mund und zeigst, dass du brav aufgegessen hast.

*

Die Haare sind nass. Mehr grau als weiß. Manche fast schwarz. In Strähnen kleben sie dir auf der Stirn. Du ziehst sie lang und hoch. Schnipp, schnapp, machst du. Schnipp, schnapp, klemmen die Strähnen zwischen Zeige- und Mittelfinger. Schnipp, schnapp, sind sie ab. Ein Knirschen, wie wenn die Mutter ein Pflaster von der Rolle schneidet. Schnipp, schnapp, blitzen die kahlen Stellen im Spiegel. Rosa. Weich. In Büscheln liegen die Haare am Boden. Schnipp, schnapp, zwickt statt den Fingern eine Schere dir die Haare ab. Du legst die Schere ins Becken, fährst dir über den Kopf. Schuppen und feine Härchen stauben auf. Du hast Kopfschmerzen. Da ist ein lautes Pochen zwischen den Ohren. So laut, du glaubst, es kommt von draußen. Das Pochen kommt von draußen. Und bei jedem Pochen zittert die Tür mit. Der Türgriff geht nach unten und oben. Du nickst ihm zu. Aus dem Augenwinkel siehst du die Nasenhaare aus den Löchern ragen. Du bohrst in der Nase, bekommst keines zu fassen. Schnipp, schnapp, machst du mit den Fingern. Die Haare fallen ins Becken. Die Schere ist in deiner Hand verschwunden. Du hörst das Pochen und Klopfen wie Applaus aus weiter Ferne.

*

Der Himmel ist bleich. Die Plastikstühle sind von der Sonne zerschossen. Du sitzt am Balkon. Du weißt nicht, warum du sitzt. Du stehst viel lieber. Über Mittag musst du gewachsen sein. Du siehst schon übers Geländer. Der Wind zupft an deinen Augenbrauen. Wasser rinnt von den Balkonblumen runter auf die Platten im Garten. Die Frau neben dir gießt die Erde schwarz, bis sie riecht. Auf dem Tischchen im Eck stehen zwei Schalen Milchkaffee und eine Schale mit ausgedrückten Zigaretten. Ein Vogel erschrickt dich. Blau und schwarz und gelb und weiß ist er. Du fuchtelst mit den Armen und als er davonfliegt, tut es dir leid.

Du setzt dich neben die Frau. Sie hat die Gießkanne auf dem Schoß. Das Mittagslicht flackert im Wasser der immer vollen Kanne. Die Frau nimmt zwei Zigaretten aus der Schachtel Chesterfield und zündet sie nacheinander an. Eine steckt sie sich selbst, die andere dir in den Mund.

Du sagst Entschuldigung und meinst den Vogel.

Passt schon, antwortet die Frau. Leichter wird's nimmer.

Vor deinem Gesicht steigt der Rauch in dünnen Fahnen. Du ziehst an der Zigarette und bist überrascht, dass du nicht husten musst. Wie von selbst geht es. Dann geht es nicht mehr. Weil du statt Rauch den nassgelutschten Filter schmeckst. Du greifst nach dem Feuer. Reibst am Zündstein. Schiebst die Zigarettenspitze mit dem Mund in die Flamme. Alles kommt. Alles geht. Nach festen Regeln, von denen du nichts verstehst. Du bist kein Kind. Du willst nach der Hand deiner Frau greifen. Aber die stellt die Gießkanne ab, stülpt ihre Finger in die leeren Schalen und räumt sie vom Tisch. Du willst etwas sagen. Aber sie ist schon durch die Tür. Mit jedem Schritt ein wenig weiter weg. Und kurz hast du Angst, dass du wieder vergisst, wer du bist. Dabei weißt du es die ganze Zeit. Du bist ein Kind, das nichts begreift.

Kommst du? ruft sie aus der Küche nach dir.

Jalapeño-Hitze

Barbara Pfeiffer

Foto: Barbara Pfeiffer

* 1979 in Wien. Studium der Sozialpädagogik an der Uni Wien und der Uni Klagenfurt sowie eine Ausbildung als Tanzpädagogin absolviert. Lebt als alleinerziehende Mutter in Graz und arbeitet im Sozialbereich, derzeit als Jugendcoach. Sie liest unglaublich viel und schreibt zu wenig.

MARI

Die große grüne Regentonne hat ein Loch. Es kann nicht groß sein. Dass der Wasserstand sinkt, merke ich nur, da ich weiß, wie viel in etwa momentan tagsüber verdunstet. Es war nur eine Frage der Zeit, bis die uralte Plastiktonne porös werden würde. An vielen Stellen ist das dunkle Grün einem ausgebleichten Weiß gewichen. Die Tonne ist ausgebeult und dreckig, aber sie erfüllt bis jetzt ihren Zweck, den wenigen Regen, der fällt, aufzufangen.

Das Wasser ist warm und es riecht ein bisschen. Brackig, wie die kleinen Seen, in denen Malu sich früher mit Vorliebe abgekühlt hat. Tote Insekten schwimmen auf der Oberfläche, aber die wische ich zur Seite, um meinen Becher zu füllen. Eine fliegende Ameise fange ich trotzdem mit ein. Ihre kleinen Flügel sind durchscheinend und intakt, wahrscheinlich ist sie ertrunken in meiner Regentonne.

Der Wasserstand ist niedrig, sowieso, auch ohne Loch. Wenn ich das Loch finden würde, könnte ich es kleben, vielleicht. Die Heißklebepistole fällt mir ein. Und der Strom, den ich dafür brauchen würde. Die Müdigkeit kommt so plötzlich, dass mir schwindlig wird und ich setze mich auf den harten, staubigen Boden und lehne den Kopf an meine Regentonne. Ich müsste das Loch finden, die Heißklebepistole suchen und den Strom abpassen, der nur wenige Stunden in der Woche eingeschalten ist. Vergiss es.

Malu biegt hechelnd um die Ecke. Ihre lange Zunge hängt ihr seitlich aus dem Maul und sie atmet schnell und stoßweise. Neben mir fällt sie einfach um, so wie sie das oft tut, es sieht aus, als würden ihre Beine einfach unter ihr wegknicken, aber sie landet jedes Mal weich auf dem Bauch. Sie legt ihren riesigen Kopf auf meine ausgestreckten Beine und sieht mich an. Die Augenbrauen hochgezogen, die Augen groß. Sie stinkt. Es riecht nach Erde und Blut und nichts auf der Welt liebe ich mehr als dieses Tier, das sie irgendwo in Ungarn aus einer Mülltonne gezogen haben, halb verhungert und bissig und scheu und hässlich. Sie ist wie ich, nicht gut verträglich mit der eigenen Rasse.

Wir gehen schon lange nicht mehr gemeinsam spazieren. Es ist zu heiß. Die Sonne ist unbarmherzig. In irgendeinem Gedicht habe ich das gelesen und es ist wahr. Wenn du in die Sonne trittst, ist es wie ein Biss in einen Jalapeño. Es schießt unmittelbar ein in dein Nervensystem und fegt alle anderen Empfindungen weg.

Malus Leine hängt unbenutzt im Haus. Unvorstellbar war es früher, sie ohne Leine hinauszulassen, mittlerweile ist sie Abende lang allein unterwegs. Jagen vermutlich. Aber es gibt niemanden mehr, der sich darüber beschweren würde, niemanden, der sich trauen würde, sich ihr in den Weg zu stellen oder sie gar zu erschießen.

Sie kommt immer wieder zurück zu mir, aber sie bringt nie etwas mit. Nur diesen Geruch.

Wären wir vorbereitet gewesen, dann hätten wir sie vielleicht erziehen können, ihre Beute mitzubringen. Wir haben es versäumt. Und vielleicht hätte sich Malu auch nicht erziehen lassen. Wozu soll sich ein Mülltonnenhund auch erziehen lassen, zum Teilen?

Immerhin muss ich sie nicht füttern. Mit was auch? Mit kümmerlichen Brombeeren, manchmal Heidelbeeren, die direkt am Strauch vertrocknen, obwohl die Pflanzen im Wald vor der Sonne geschützt sind? Mit dem Rucola, der auch dieses Jahr aus der Erde der alten Hochbeete von Mutter sprießt? Er ist wie Unkraut. Bitteres Unkraut. Aber an guten Tagen schneide ich ihn mit der Schere und stopfe ihn mir direkt vor dem Beet in den Mund. Und kaue und kaue bis sich die Bitterkeit ganz ausgebreitet hat und dann schlucke ich den grünen Klumpen hart hinunter und wünsche meinem Magen viel Glück beim Verdauen.

Rucola mit dicken gehobelten Stücken von Pecorino und kleinen, festen Kirschtomaten, mit Trüffelöl und Balsamicoessig. Vielleicht ein dickes Stück helles Brot dazu, bestrichen mit Butter. Das war ein anderes Leben. Da liegt ein ganzes Leben dazwischen, gefühlt. Die Erinnerung ist da, aber sie ist nicht wichtig.

Ich denke nicht weiter. Nie weiter als gerade eben. Ich bin reduziert, reduziere mich selbst. Ich denke reduziert, ich esse reduziert, ich trinke reduziert, ich reduziere meinen Energieverbrauch, ich fühle reduziert, ich bin reduziert auf ein Minimum, das kleine Quäntchen, das mich am Leben hält, um die Reduktion meiner Umwelt reduziert zu ertragen.

Meine Mutter hat hier gelebt, in diesem winzigen Häuschen, das mich und Malu jetzt schützt und beherbergt. Sie ist nicht mehr wiedergekommen. Ich stelle mir vor, wie sie mit ihrem Campari Soda in der Hand auf den Golfplatz von Marbella blickt und akzeptiert, dass sie der Brandwelle, die auf sie zurollt, nicht entkommen wird. Flüchtlinge von dort haben berichtet, über die Katastrophe. Aber ihre Geschichte geht unter in all den anderen Geschichten von Überlebenden von Bränden, Fluten, Fluchtversuchen.

Sie war auch häuslich, zwischen den Gin Tonics, Martinis und Zigaretten. Im Keller stapeln sich die stummen Zeugen ihres einsamen Hausfrauendaseins. Gläser mit Marmeladen, Chutneys, eingekochten Früchten, Pesto. Ich rühre sie nicht an. Essen unterliegt dem Reduktionsgebot. Und dafür habe ich keine Erklärung. Es macht nur keinen Sinn mehr. Essen war sozial, es war menschlich, es war Kultur und es war Gewohnheit. Jetzt ist es notwendig und Notwendigkeit macht keinen Sinn mehr. Nichts ist mehr notwendig. Diese Welt ist auseinandergefallen oder in sich zusammengefallen. Sie schwimmt und sie brennt, sie bebt und sie blutet, sie schüttelt uns ab und versucht uns zu verschlingen. Und sie hat uns wieder ausgespuckt, weil sie uns nicht verdauen kann.

Nein, ich lebe nicht, ich bin am Leben. Warum? Weil ich es scheinbar kann, am Leben zu sein.

Ich höre es klappern und mache mich klein hinter der Regentonne. Das ist Franz. Franz auf seinem Rad. Klein machen fällt mir nicht mehr schwer. Ich bin ohnehin kaum vorhanden. Aber vorhanden genug, dass Franz auf seinem Rad nach mir sehen will. Malu, natürlich, Malu springt auf und läuft ihm entgegen, als er vom Rad steigt und es an die glühende Hausmauer lehnt. Geduckt, hinter der Regentonne sehe ich Malu Franz freudig begrüßen. Sie wedelt mit ihrer Rute und schnüffelt an seinen Beinen. Sie kennt ihn beinah so lange wie ich ihn. Er hat immer etwas dabei für sie. Eine Kleinigkeit, ein Ei, ein Stück gedörrtes Fleisch, einen Knochen. Sie liebt ihn dafür. Und ich kann ihr nicht böse sein. Loyalität gehört nicht zu ihren Stärken.

Franz, ach Franz. Er weiß, dass ich ihn nicht mag. Nie mochte. Er ist in einer meiner Minusschubladen gelandet, schon damals in der Schule. Und ich habe daraus nie einen Hehl gemacht. Ich trage mein Herz auf der Zunge und beide sind bissig und scharfkantig. Aber es ist ihm egal. War es ihm immer und ich komme nicht umhin seine Hartnäckigkeit zu bewundern. Er lebt jetzt draußen, am Rand des Dorfes. Mit einigen anderen, manche kenne ich, manche sind dazugekommen, Streuner, die hängen geblieben sind. Hier lässt es sich immerhin noch leben, irgendwie.

Sie sind das, was man früher abschätzig eine Kommune genannt hätte. Sie haben sich zusammengeschlossen, aus der Not eine Tugend gemacht und alle ihre Fähigkeiten eingebracht, sagt Franz zumindest. Ausgerechnet im alten Pfarrhaus. Franz versammelt sie um sich, er ist ein Magnet für die gestrandeten Existenzen.

Er war überall nach der Schule. Er war an den Küsten Griechenlands, in den riesigen Flüchtlingscamps, um zu helfen, bis die Meere zu gefährlich wurden, um sie zu überqueren. Er hat sich, schon in den Anfängen, auf die Straßen geklebt mit seinen Leuten. Er hat demonstriert und gemahnt und jetzt ist er wieder hier, um weiterzumachen. Und auch da ist er hartnäckig. Wer so hartnäckig an das Gute glaubt, muss entweder blind sein oder dumm. Vielleicht ist er beides.

Malu umschwänzelt ihn. Er trägt eine Schirmkappe, sodass ich seine Augen nicht erkennen kann, ein Langarmshirt und eine Baumwollhose. Nichts wird mehr freiwillig der Sonne preisgegeben heutzutage. Keine Kleidchen mehr oder Spaghetti Tops. Keine kurzen Hosen oder Sandalen. Mit meiner abgemagerten Gestalt wäre ich früher hip gewesen, heute selbstmordgefährdet. Franz weiß das. Deswegen kommt er. Obwohl ich ihn nicht sehen will, nicht mit ihm reden will, ihn nicht in meiner Nähe möchte.

„Mari, Mari, bist du da?"

Er muss wissen, dass ich da bin, wo sollte ich sein. Ich bin immer da. Manchmal, in den Nächten, da bin ich herumgestreift. Auch am Pfarrhaus vorbei. Da sah ich sie sitzen im Garten und grübeln über den Ideen, wie sie Wasser auffangen, Nahrung anbauen und haltbar machen könnten. Ich tue das nicht mehr. Ich schaffe es nicht. Meine Tage verbringe ich dösend, die Nächte auch. Mir fehlen der Antrieb und die Kraft und das Warum, das fehlt mir auch.

„Mari, ich lass dir hier das Brot liegen, das wir gebacken haben. Sieh zu, dass Malu es nicht frisst. Mari und wenn du was brauchst..." Er schnappt sich sein Fahrrad und klappert davon.

Ich atme auf. Er ist weg. Ich bin wieder allein. Ich bin zu müde. Ich habe ihn nie gebeten zu kommen. Ich habe ihm gesagt, zu Beginn, dass ich allein zurechtkomme. Ich habe ihm sein Gutmenschentum vorgeworfen, ich habe ihn hinausgeworfen aus diesem Haus, ich habe ihm verboten es je wieder zu betreten, ich habe ihm meinen Hass entgegengeschleudert und ihm seine unnützen Hilfeaktionen von früher angekreidet, weil sie nichts besser gemacht haben.

Es war alles umsonst. Ich habe ihn gefragt, ob es ihn glücklich macht, sich eingesetzt zu haben, für all das und trotzdem nichts erreicht zu haben. Ob es ihn zu einem besseren Menschen macht, ob er jetzt mehr Recht hätte zu leben und wie er damit leben könne nichts erreicht zu haben. Ich habe das Flackern in seinen Augen gesehen, kurz, wie eine Erinnerung vielleicht, und er hat trotzdem versucht mich zu berühren. Mit einer beschwichtigenden Geste seiner Hände hat er tatsächlich versucht, nach meinem Oberarm zu greifen. Um mich zu beruhigen. Warum glauben Menschen, eine Berührung würde etwas verändern? Wem ich nicht nah bin, dem möchte ich es körperlich auch nicht sein.

Ich ziehe mich hoch an meiner Regentonne und gehe ins Haus. Malu frisst das Brot.

Ich vegetiere dahin. All die Routinen und Regelmäßigkeiten, die Rhythmen und Abfolgen sind mir verloren gegangen. Es können Stunden vergangen sein oder Tage und es ist völlig gleich. Ich stehe selten auf und wenn, stehe ich selten lang.

Aber Malu ist nicht da. Untertags ist sie sonst bei mir, im Haus. Wenn die Sonne untergeht, dann bricht sie auf und kommt spätestens, wenn sie wieder aufgeht. Glaube ich. Ich kann mich nicht erinnern. Nicht an die letzten Stunden, nicht an die letzten Tage. Wann habe ich Malu das letzte Mal gesehen? Wann war sie hier, im abgedunkelten Zimmer und hat an meinen Fingern geleckt? Es ist hell, es muss gegen Mittag sein. Die Sonne steht hoch und sie knallt in den Hof und wo früher Gras war, ist Staub. Ich trete aus dem Haus mit der Hand an der Stirn und das Brot ist weg. Aber das Tuch, in das es gewickelt war, das liegt noch da. Aber wie lange ist es her, dass Franz es gebracht hat und Malu es gefressen hat? Ich tauche den Becher in die Regentonne und trinke daraus und das warme Wasser und die Angst lassen mich husten und würgen.

„Malu, Malu, Malu verdammt nochmal Malu!" Ich rufe und säusle, locke und schreie. Aber Malu kommt nicht angetänzelt, mit diesen schwingenden Hüften, die man einem so großen Hund nicht zugetraut hätte. Ich höre kein Klackern ihrer Krallen auf dem Holzboden. Sie ist nicht da, mit ihren großen, fragenden Augen.

Ich spüre die Panik in mir aufsteigen. Meine Knie werden weich, die Gänsehaut zieht sich den Hinterkopf hinauf, meine Atmung wird schnell und ich vermisse die Möglichkeit ein Telefon zu benutzen. So wie früher. Aber ich wüsste gar nicht, mit wem ich reden sollte und was ich wollen würde.

Wo würde sie hin zur Mittagszeit? Vielleicht hat sie der Hunger hinausgetrieben. Vielleicht ein Tier, das vorbeigesaust ist und sie konnte nicht widerstehen. Vielleicht war Franz da, oder einer der anderen und sie ist einfach mitgelaufen. Vielleicht kommt sie gleich oder sie kommt später, aber sicher kommt sie. Und obwohl ich mich bemühe wach zu bleiben, dämmere ich weg, im Schatten an die Hausmauer gelehnt.

FRANZ

He, ist das Malu? Was treibt sie hier? Die Hündin von Mari kommt aus dem alten Geräteschuppen neben dem Pfarrhaus. Die Holzhütte ist baufällig. Eines der nächsten Projekte auf der Liste.

Ich rufe Malu und gehe auf sie zu. Sie bewegt sich seltsam träge und sieht irgendwie zerzaust aus. Komisch, dass sie nicht bei Mari ist um diese Zeit. Es ist viel zu heiß, um sich allzu lang draußen aufzuhalten. Mari wird sie vermissen. Sie hängt an ihr.

Mari, die schöne Mari, so haben wir sie früher in der Schule heimlich genannt. Jeder war scharf auf sie. Niemand bekam ein Date. Sie hat auf uns alle hinuntergesehen, für sie waren wir alle Landeier und Loser. Sie ist stur und arrogant, herrisch und rechthaberisch, sie ist gemein und zuweilen böse, aber sie ist klug und weiß das wohl alles.

Sie hat ein großes Herz. Das glaubt keiner, der die Sache mit Aaron nicht mitbekommen hat. Ich vermisse Aaron. Ich hatte mir immer mehr Chancen ausgerechnet bei Mari durch die Freundschaft mit Aaron, aber sie war nie interessiert. Als er krank wurde, ist sie wiedergekommen. Sie hat ihren Job an den Nagel gehängt und ist wieder eingezogen. Bei ihrer Säufer-Mutter und dem Leukämie-Bruder. Und sie ist geblieben, während der Therapien, während der Abstürze ihrer Mutter, während seinem langsamen Dahinsiechen. Sie war stark, sie war Krankenpflegerin, Apothekerin, Chauffeurin, Putzfrau, Managerin, Hospizexpertin, kleine Schwester und einzige Tochter. Ich weiß nicht, wann sie aufgegeben hat. Nicht unmittelbar nach Aarons Tod und auch nicht gleich nach Einbruch der Katastrophen, aber irgendwann dann hat sie einfach aufgehört stark zu sein, sie hat überhaupt aufgehört zu sein.

Malu steht jetzt vor mir und sie blutet. Das ganze Hinterteil ist blutverkrustet. Ich kann die Wunde nicht erkennen, da ist zu viel langes Fell und sie stinkt so bestialisch, dass ich sie nicht berühren möchte. Kurz steht sie nur da und sieht mich an. Dann dreht sie sich wieder um und schlägt den Weg zur Hütte ein. Über ihre Schulter blickt sie zu mir zurück und bellt einmal heiser. Ich versteh nicht viel von Hunden, aber so viel, dass ich mitkommen soll, verstehe ich doch.

Malu geht durch die offene Holztür, die in den Angeln hängt und quetscht sich unter den alten Gartengeräten und zwischen dem benzinbetriebenen Rasenmäher durch und verschwindet dort hinter den staubigen Regalen, von denen Spinnweben bis an den Boden hängen. „Malu, echt jetzt? Ich will da nicht durch", jammere ich ihr hinterher. Aber sie kommt nicht zurück und ich kann sie da hinten auch nicht mehr erkennen. „Ok, ok…" Ich ducke mich, ziehe Schultern und Kopf ein und versuche die schiefen Regale beim Dahintersteigen nicht umzuwerfen. Es ist so düster und staubig, dass ich Malu erst fast nicht erkennen kann, wie sie da liegt, auf einem halbzerfetzten und von Mäusen angenagten Pappkarton, übrig gebliebenes Verpackungsmaterial von irgendeinem Gerät hier drinnen. Ich gehe in die Knie, um näher an sie heranzukommen und jetzt erkenne ich den Grund, aus dem sie mich hergeführt hat. Da liegen fünf kleine Mini-Malus auf dem Karton. Es ist ganz still. Sie bewegen sich kaum. Zwei sind schwarz, wie Malu selbst. Die Babys haben geschlossene Augen und Malu liegt beinahe auf ihnen. Alles an ihnen ist winzig, die Pfötchen, die Schnauze, die kleinen Ohren. Ich blinzle die Rührung aus den Augen und streichle Malu sanft über ihren Kopf. „Geht ok Malu, das hast du gut gemacht" sage ich und weiß, ich muss sofort zu Mari.

In der Hitze steige ich auf das Rad und fahre die ersten Meter im Stehen, der Sattel ist so heiß, dass ich mir die Eier verbrennen würde. Aus der Ferne sehe ich Mari. Ihr Oberkörper lehnt schief an der Hausmauer und sie wirkt wie ein aus dem Nest gefallenes Vogeljunges. Hohläugig sieht sie mir entgegen, als ich vom Rad hüpfe. „Malu ist verschwunden Franz, ich weiß nicht, wie lange schon". „Steh auf Mari, sie ist bei uns, im Pfarrhaus, komm, wir fahren hin" sage ich und greife nach ihrer Hand, um sie hochzuziehen.

MARI

Franz greift nach meiner Hand, um mich hochzuziehen und ich schrecke zurück. Ich schrecke zurück vor seiner Berührung, als würde sie mich verbrennen und ich schrecke zurück, weil ich weiß, dass ich nicht aufstehen kann. Ich spüre den Schwindel schon im Sitzen. Es ist undenkbar, zum Pfarrhaus zu gehen und auch undenkbar, mich auf Franz Gepäckträger zu setzen und da oben halten zu können. Und das Franz einzugestehen ist auch recht undenkbar.

„Bring Malu her Franz, ich kann jetzt nicht mitkommen, ich halte die Hitze nicht aus" sage ich, um Zeit zu gewinnen. Franz sieht mich an mit diesem fürchterlich sanften Blick, den ich hasse, weil er mir so nah kommt und erklärt, dass das nicht möglich sei. „Warum?" frage ich jetzt ängstlich. Es ist was passiert, sie kann nicht mehr herlaufen, sie ist verletzt, sie liegt tot im Garten vom Pfarrhaus. „Sag schon verdammt nochmal Franz oder ich hau dir eine rein". Und er prustet einfach so los und hält sich den flachen Bauch beim Lachen. „Du bist ein Fliegenschiss, Mari", kichert er heraus und „Malu hat Babys, sie kann nicht herkommen. Das kapierst du, oder, du Hohlbirne?"

Ich sehe ihn einfach nur an, wie er da so vor mir aufragt, sehe sein spitzes Kinn mit dem blonden Bart und den riesigen verzerrten Mund, der im Lachen in die Breite gezogen wird. Und ich spüre ein kleines verrücktes Prickeln im Brustkorb, das sich in den Hals drängt und das von dort weiter in meinen Mund quillt. „Geh in den

Keller" sage ich und „hol dort ein Glas mit eingelegten Pfirsichen."

Er reicht mir das geöffnete Gurkenglas und ich trinke den ersten süßen Schluck der Flüssigkeit, den die Früchte beim Einkochen abgeben. Es rinnt wie Balsam durch meinen Hals und ich quetsche meine Finger ins Glas und ziehe die Pfirsiche gatschig und warm heraus. Der Saft rinnt über mein Kinn und über meine Hände weiter auf die Unterarme. Ich halte Franz, der jetzt neben mir sitzt, das Glas hin und er greift sich auch einen halben Pfirsich und wir kauen und schlucken und schlürfen und schlecken und ich fühle mich wie das Kind, das ich einmal war.

Als wir beim Pfarrhaus ankommen, setzt die Dämmerung ein. Franz führt mich zum Schuppen und zu Malus Versteck. Ich lasse mich nieder neben ihr und ihren fünf Welpen. Sie sieht mich an, erschöpft und schenkt mir ein kurzes Wedeln. Ich fühle mich, als würde ich platzen neben ihnen. Vor Scham, dass ich die ganze Zeit über nichts bemerkt habe, und vor Stolz. Vor Freude, dass diese verdammte Welt noch dazu in der Lage ist, solche Wunder zu vollbringen, und vor Rührung. Vor Liebe für die unglaublichen Geschöpfe dieser Erde und vor Wut auf alles, was schiefgelaufen ist.

Ich denke darüber nach, was wir jetzt brauchen werden. Und dann stehe ich auf und trete in den Garten vor der Hütte und spüre, dass ich hungrig bin.

Zungen

Lorena Pircher

Foto: Marcel Fliri

* 1994 in Südtirol, Italien. Studierte Vergleichende Literaturwissenschaften, Englisch und Französisch in Wien und Frankreich, Ausbildung zur Buchhändlerin. Veröffentlichung eines Gedichtbandes, mehrerer Erzählungen und einiger Gedichte in Literaturzeitschriften und Anthologien. Sie übersetzt aus dem Italienischen und Französischen und schreibt Lyrik und Kurzprosa. Derzeit arbeitet sie an ihrem ersten Roman.

Rot. Der Abschied von dort war rot. Auch wenn ich mich nicht daran erinnern kann, denn ich war ein Fisch im Meer, ein Embryo im Mutterleib, um mich herum leuchtende Membrane. Der Abschied von den Worten war rot. Später habe ich erkannt, dass ich sie verloren habe, bevor ich geboren wurde. Ich hörte die Stimmen meiner Mama, meiner Großmutter, durch die feinhäutige Trennwand, sie drangen in meine sich entwickelnden Ohrmuscheln wie das beruhigende Grollen des Meeres. Im Anfang war das Wort und rot war das Meer. Nach dem Abschied, in den Befragungen meiner Erinnerungen, war es blau. Alles, das atmet, endet irgendwann, sagte meine Mama in der anderen Sprache, in der Sprache unserer neuen Heimat. Man kann alles verlieren, im Laufe eines Lebens. Damals verstand ich die Bedeutung dieser Worte nicht. Mit der Zeit lernte ich, lebte ich; ich listete in meinem Kopf Dinge, die man verlieren kann: meine erste Kuscheldecke, eines Nachmittags im Park vergessen, sie blieb auf ewig verschollen, den Bleistift, mit dem ich meine ersten Worte schrieb, auf dem Schulflur fallengelassen, mein zweites Handy, mein Diplomzeugnis, in der Bar, in der wir feierten, das Duplikat sah genauso aus wie das Original. Mit der Zeit lernte ich, dass sich nicht alles so einfach ersetzen ließ, wie diese Dinge: mein 15-jähriger Hund, meine Großmutter, meine Mama.

Der Abschied von den Worten war rot. Ich wusste, dass ich meine Mutterzunge verloren habe, bevor ich geboren wurde. Zwei Jahre nach meiner Geburt sprach meine Mama nur mehr in der anderen Sprache. Meine Großmutter war in der alten Heimat geblieben. Nur am Telefon, an manchen Abenden, hörte ich den Klang meiner Mutterzunge und ich begann, daran zu glauben, dass man Verlorenes wiederfinden kann. In diesen ersten Monaten berichteten sie oft von unserer ersten Heimat. Von den Verbrechen, die dort geschahen. Ich sah die Tränen, auch wenn ich nicht sollte. Ich sah Nachrichten im Fernsehen. Plötzlich wurden Aufnahmen unserer Städte gezeigt, aber die Medienaufmerksamkeit flaute schon nach wenigen Wochen ab, und meine Mama klammerte sich noch öfter an das Telefon. Es ist alles gut, sagte sie damals. Sie sagte es oft, zu oft, als dass es wahr sein hätte können.

Der Abschied von der Mutterzunge. Der Titel eines Buches, das ich gelesen habe, hier, während dieser Reise, eine Bezeichnung, die ich nicht mehr vergessen kann. Ich lese viel, habe immer schon viel gelesen. Geschrieben und gelesen. Aber ich sprach nicht. Während meiner Kindergartenzeit, während meiner Grundschulzeit. Oft sind wir bei Ärzt:innen gewesen, sie hatten meiner Mutter Worte zugeflüstert, die ich erst während meines Studiums wieder hörte, Dislokation und kulturelle Desorientierung, traumatische Fluchterfahrungen, die auf das ungeborene Kind übertragen werden können. Ich sprach nicht. Die Worte der neuen Muttersprache erschienen mir stumpf, abgenutzt, ungeschliffen, brachial, sie hatten keine Schärfe, keine Würze, sie waren geschmacklos und farblos. Ich verbrachte meine Grundschulzeit damit, zu schreiben. Ich schrieb, was ich wollte, erfand Worte, Laute, Bedeutungen, die es nicht gab. Ich würzte Vokabeln mit zusätzlichen Silben, Akzenten, Diminuitiven. Ich hörte die Farben der Worte, rau, eigelb, krude, blassgrün. Ich färbte sie um, bis ich mit ihrem Klang zufrieden war. Ich schrieb, weil ich schreiben und nicht sprechen konnte. Mutismus, hervorgerufen durch die belastende Erfahrung des Vertriebenworden-Seins, sagten sie. Der Verlust der Sprache ist der Verlust der Identität, sagten sie. Die Worte in mir kringelten sich wie Würmer, sie krochen immer dann hervor, wenn ich es am wenigsten erwartete und vergruben sich unter vielen Erdschichten, wenn ich sie gebraucht hätte.

Wie an dem Tag, als meine Mama starb. Es war heiß und ihr Tod schnitt meine Welt entzwei. Ich verstand, was die Leute meinten, wenn sie sagten, das Leben vorher und das Leben nachher. Alles, das atmet, endet irgendwann. Ich schwamm tagelang im Rot, ich hielt ihre Hand, auch als ihr Körper schon Asche war. Ihre Worte brannten wie Erfrierungen. Wir redeten viel, in den letzten Monaten ihrer Krankheit, über die erste Heimat und über das Leben dort, über das Meer, das ich nicht wiedergefunden habe, bis jetzt, obwohl ich so viele Ozeane gesehen habe, seit ich begonnen habe, zu reisen. Die Welt war zweigeteilt. Es war das Vermissen, und das Haften an den Erinnerungen. Sie hat mich gelehrt, weise zu sein, und rebellisch und kritisch und frei, sie hat mich gelehrt, vom Meer zu nehmen und dem Meer zu geben. Ich denke daran, jetzt, da ich gekommen bin, ihre Asche zu verstreuen. Im Anfang war das Meer, blau und endlos. Rot ist das Vermissen, schreibe ich.

Die Dyade meiner Mutter und meiner Großmutter. Mein Vater war immer schon eine Leerstelle gewesen, ein Abschied, der mit dem Verlust der Heimat zusammenfiel. Wie der von meiner Großmutter. Aber anders als für meine Großmutter gab es keine Telefonleitungen, die ihn mit uns verbinden hätten können. Ich weiß bis heute nicht, ob er uns verlassen hat und dann gestorben ist oder ob er gestorben ist, bevor er uns verlassen hat, aber dass er uns verlassen wollte, das wusste ich. Dann kam der Krieg. Rot ist das Vermissen, schreibe ich. Rot sind die Tage danach. Eines Abends wurde das Telefon still, die Anrufe meiner Großmutter blieben aus. Alles ist gut, sagte meine Mama, aber ich hätte schon damals wissen müssen, dass es unmöglich gut sein konnte, als sie zwei Tage später aufbrach, das Gesicht zweigeteilt. Ihr Leben danach hatte begonnen. Das Telefon läutete nur mehr selten, und wenn, dann wusste ich, dass ich nicht die raue Stimme meiner Großmutter hören würde, die Geschichten erzählte, die Lieder erfand, während sie sie sang, die Rezepte wie Gedichte rezitierte.

Rot ist das Vermissen, schreibe ich in das Notizheft, das aufgeklappt vor mir liegt, auf der polierten Tischfläche vor meinem Platz im Zugabteil. Ich unternehme dieselbe Reise wie meine Mama nach dem Tod meiner Großmutter. Ich bin auf der Reise, um meine Mutterzunge zu finden. Um die Lieder zu finden, die ich durch die feinhäutige Trennwand zur Welt wahrgenommen hatte, damals, als ich im Mutterleib schwebte. Die Poesie meiner Großmutter, die Legenden, die Erzählungen, die großen Romane, die Dichtungen, die Tagebücher. Ich bin bereit, meine Mama in unsere erste Heimat zu begleiten, sie dem Meer zu überlassen. Das Meer nimmt, was es gibt, denn es war an einem Herbsttag, als meine Großmutter meine Mama am Meeresufer gebar, während sie das volle Fischernetz einholen hatte wollen. Sie kniete sich in den Sand und schenkte Leben. Meine Urgroßmutter wusch das Blut mit Meereswasser vom neugeborenen, zarten Körper, rot zu blau. So jedenfalls hat es mir meine Mama erzählt.

Ich bin bereit, den Frauen meiner Familie zu begegnen, die Schärfe meiner Mutterzunge zu schmecken, ich bin bereit, den Beginn und das Ende meiner Sprachlosigkeit zu finden. Als ich 10 Jahre alt war, begannen sich die Worte langsam zu lösen, meine Mutter war stolz, glücklich, ich sprach in der Sprache der neuen Heimat. Im Laufe meines Lebens eignete ich mir immer mehr Zungen an, ich spreche sieben verschiedene Sprachen, flüssig, weil die Macht der Sprache uns selbst und unsere Wahrnehmung formt, sagten sie. Und ich wollte nicht nur einen kleinen Ausschnitt des Seins erleben, ich wollte alles erfahren. Aber keine war wie meine Mutterzunge, keine brach direkt in mich hinein und riss mir den Brustkorb auf und ließ mich im Rot schwimmen.

Sprachlosigkeit. Ich schreibe immer noch, das Schreiben ist zu meinem Beruf geworden. Das Übertragen von

Worten aus anderen Mutterzungen, aus Lauten, die anderen den Brustkorb aufreißen, die andere in Rot schwimmen lassen. Ich schreibe seit jeher, übersetze, Akt des Verrats. Unser Selbstverständnis wird von der Muttersprache geformt, sagten sie. Als ich meine Mama fragte, wieso sie nie mit mir in der Mutterzunge sprach, sagte sie, es schmerzt zu sehr, es erinnert mich an dort. Ich musste das Damals sterben lassen, um weiterleben zu können. Alles, das atmet, endet irgendwann. Neubeginn, Trauma, Vertreibung, alles endet irgendwann. Es schmerzt zu sehr.

Fragmentierung des Seins, sagten sie. Befragung der Erinnerung, schreibe ich in das Notizbuch. Draußen ziehen Häusermeere vorbei, ich weiß nicht, was ich erwartet hatte, welche Unterschiede ich sehen wollte, zwischen der alten und der neuen Heimat, der Heimat, die ich vor einer Woche verlassen habe, und der Heimat, zu der ich jetzt zurückkehre, nach 32 Jahren. Ich bin seit vier Tagen in Zügen unterwegs. Die Himmel verfärben sich zu verschiedenen Uhrzeiten und die Vegetation wechselt die Farbe. Ich weiß nicht, was ich erwartet habe, was ich mir zu fühlen vorgestellt habe, wenn ich zum ersten Mal den Boden meiner ersten Heimat betrete. Ich weiß nicht, ob ich erwartete, die Narben eines vergangenen Kriegs zu sehen. Wunden, die nicht mehr nässen. Die Reise fühlt sich so schwierig und gleichzeitig so einfach an wie Heimkommen. Vielleicht, weil es genau das ist, was ich tue, Heimkehren.

Rot wechselt zu blau, schreibe ich. Der Zug bewegt sich stoisch fort, die Luft wird zunehmend von Salz und

Rauch durchwebt. Es liegen noch viele hunderte Kilometer vor mir. Morgen oder übermorgen werde ich das Meer sehen können, das Meer zwischen den Bergen. Ich blicke auf meinen Bauch. Die Wölbung ist mittlerweile deutlich zu erkennen, ich lege eine Hand auf meine Tochter, berühre die feinhäutige Trennwand, hinter der sie meiner Stimme lauscht. Ich blicke aus dem Fenster. Eine ältere Frau, vielleicht ist es meine Großmutter, lächelt mir zu und verschwindet dann wieder in den Kornfeldern, ich lausche ihrer Stimme, sauge die Gedichte, die Erzählungen, die Lieder auf. Meine Tochter streckt mir ihre Hand entgegen, unsere Finger berühren sich durch das schwimmende Rot. Alles, das atmet, hinterlässt Spuren, alles, das war, lebt weiter, in irgendjemandem. Ich halte die Vase mit der Asche meiner Mama, ich lausche ihrer Stimme, die zu meinen Ohrmuscheln dringt wie das Grollen des Meeres. Meine Tochter ein Fisch im Meer, um sie herum leuchtende Membran. Bald wird sie das Blau erblicken, das Meer, die Weite, dort werde ich sie zur Welt bringen, in meiner Heimat, damit sie die Mutterzunge nicht verliert, bevor sie geboren wird, damit wir heilen, beide.

Der bessere Ort

Mario Schemmerl

Foto: Raphael Sperl

* 1987 in Graz, hat einen handwerklichen Beruf erlernt, und wechselte 2009 in die Pflege. Derzeit ist er als diplomierter Gesundheits- und Krankenpfleger angestellt. Absolvent der Leondinger Literatur Akademie 22/23. Er ist Autor der Kolumne *Pflegebericht* in der Grazer Straßenzeitung Megaphon. Finalteilnehmer des Open Mike 31 in Berlin. Veröffentlicht in verschiedenen Literaturmagazinen. Zuletzt einen Romanauszug in Die Rampe. Der Open-Mike-Finaltext und der FM4-Wortlaut-Text sind beide Teil seines aktuellen Romanprojekts.

Ich bin Pfleger, ein Altenpfleger. Mir kommt es vor, als wäre ich nie etwas anderes gewesen als ein Sonnenhof-Pfleger. Romantiker bin ich keiner, aber Schluss machen kann ich nicht. Das Wichtigste ist, nicht die Nerven zu verlieren, das ist entscheidend. Ruhig bleiben. Nichts stört mehr als eine dünnhäutige Pflegekraft, kannst nicht brauchen, macht alles schwieriger. Wenn die wüssten, was in mir abgeht, welche Gedanken ich im Laufe der Dienste entwickle. Weggeblasen gehört die Hütte! Aber wohin mit den Leuten, das soll mir mal einer sagen.

Nichts ist so demoralisierend wie ein unterbesetztes Wochenende. Pscht, das darf man nur denken, nicht sagen, vielleicht sollte man das nicht mal denken. Still muss man sein, nie den Personalengpass erwähnen, nie. Oh, oh, dann kannst antreten bei der Leitung. Jammern hilft nichts, heißt es. Die Ausrede „Wir sind nicht genug." zieht nicht. Hat es nie. Die Angehörigenschar am Wochenende will ein anderes Bild sehen. Wir halten die Illusion aufrecht. Jeder weiß, wie es wirklich läuft. Mir braucht niemand was zu erzählen. Kein Baden, kaum Duschen, Intimpflege, Abstauben, das gute alte warm-satt-sauber, eh klar, das ist unsere Pflege. Das in einer Einrichtung, in der sich alles um Waschen und Sauberkeit dreht, lustig finde ich das, scheißlustig.

Pflege braucht Ordnung. Ist so. Ohne Ordnung keine gute Pflege. Tatsache. Alles erstickt im Chaos, kein Überblick mehr, furchtbar, ein einziges Durchkämpfen. Ich gebe zu, eine gewisse Trägheit hat sich bei mir eingeschlichen. Schlapp machen geht nicht, bin ich doch eingespannt und muss wie ein Ochse pflügen. Kann sich keiner vorstellen, unter welcher Hochspannung man in einem Pflegeheim steht, wenn man seine Arbeit noch halbwegs ernst nimmt. Zuhause gibt es nur noch ausruhen. Freunde ade, will ja keinen sehen. Ich komme nach Hause, niemand da. Finde ich meistens richtig gut. Zwischen den Diensten schlafe ich kaum, ein paar Stunden, drei vielleicht, und an freien Tagen gefühlt den ganzen Tag. Vegetiere wie ein angeschossenes Viech, träume ein bisschen was und bin schon wieder im Sonnenhof, als gäbe es nichts anderes.

Es ist nichts Besonderes, wenn das Schicksal ein Kabel eines Menschen durchschneidet, dieser Mensch dann pflegebedürftig da hängt. Geschieht überall, ununterbrochen. Der Sonnenhof ist auch pflegebedürftig. Ein Damoklesschwert baumelt über dem Dach. Bin ich der Einzige, der es spüren kann? Es schwebt über meinem Kopf, rasiert von links nach rechts und bald hat es uns, da bin ich sicher. Aber was soll ich sagen? Nichts kann ich sagen. Die große Show läuft weiter. Unterdessen läuft das Leben, wie es immer verläuft, in scharfen Schnitten. Der Cutter setzt an, und zack, alles anders.
Alle sagen die Leute sollen nicht im Krankenhaus sterben müssen, sie sollen zuhause sterben dürfen, das ist

menschlicher. Ich stimme zu, wie auch nicht. Ich fühle mich wie ein Heuchler, weil der Sonnenhof ein derartiges Zuhause sein soll. Ein besserer Ort. Ich habe das selbst gesagt. Maria soll zuhause sterben dürfen, da sind wir uns einig, die im Krankenhaus haben das auch gemeint. Das ist hier, ich stehe in diesem Zuhause, Zimmer 102. Hier starben einige Menschen, nicht lange her.

Dieses Zimmer ist mein kleiner Schutzbunker, die Wartezeit, meine Pause, mein Zufluchtsort. Heute spielt es sich wieder ab. Nichts als Stress und Hetzerei. Jeder will was. Warum tue ich mir das an? Das Haus hat einen Schlaganfall, genau, das muss es sein. Nicht lange her, da war alles ok, und auf einmal sind die Gefäße verstopft. Zack, Fähigkeiten weg. Bei Schlaganfällen muss man sofort handeln, weiß jeder, im Augenblick des Verdachts ist es ein Notfall. Verdächtig wars mir schon länger. Vielleicht bin ich ja ein kleiner Thrombus, der sich gelöst hat und jetzt das Haus verstopft. Ich kann mich nicht erinnern, wann wir zuletzt einen Schlaganfall miterlebt haben. Sie kommen zu uns, wir sind die Station nach der Station, hier wird gepflegt, ja gepflegt wird hier, der Schlaganfall trifft sie vorher, wie vieles andere auch. Wir sind nach dem großen Einschnitt im Leben, was sage ich, wir sind der ultimativ letzte Einschnitt. Ich kann Tote sehen, ohne zu heulen. Stressresistent bin ich, man sagt mir sogar nach, dass ich langsamer als die Bewohner über die Gänge schleiche. Ich erkenne mich selbst nicht mehr. Im Leben geht es um das, was wir im Stande sind auszuhalten, da bin ich mir sicher, aber zu Menschen machen uns die Dinge, die wir nicht ertragen können, und das klopft mir aufs Brustbein, von innen und von außen. Mindset, alles Mindset, ich muss anders denken, ich habe das schon geschafft, ich bin da schon mal raus, aber jetzt, mir drückts die Augen zu und ich bekomm sie kaum mehr auf. Zu oft ein Auge zugedrückt, jetzt bin ich schon gelähmt, dauerhaft ein Zudrücker sein, das muss ich, ansonsten zerspring ich.

Grauzonen, alles Grauzonen, ich verliere meine Farben, und die Maria kommt heute zurück, an diesen besseren Ort, in ihr Zimmer. Ohne sie ist das Zimmer ein blinder Fleck. Wenn sie da ist, ändert sich das wieder. Frische Bettwäsche, ja, das haben wir zum Glück gleich gemacht, und der Rest? Ein bisschen chaotisch ist es trotzdem.

Die Salbe, ohne Datum, ohne Handzeichen, seit wann ist die geöffnet, gehört weg, in den Kübel damit. Eine angebrauchte Packung Zigaretten, die muss ich ihr lassen, wenn die verschwindet, dann können wir was erleben. Dieses kleine Bildchen, eines, das nach Flohmarkt aussieht, das könnte ich in Sichtweite stellen. *Oid suist net werden*, hat sie öfter gesagt, und sich eine angeraucht. *Is schon wurscht*, hat sie dann gesagt. Ich bin froh, dass sie zurückkommt, ansonsten hätte sie sich aufgelöst, einfach so, bekommst oft nicht mal mit, Bett leer, Bett wieder belegt. Jemand ganz anderes, mit anderen Bedürfnissen, mit einer anderen Biographie an ihrer Stelle. Weißt auch nicht, was kommt. Kann gut oder schlecht werden. Zum Glück ist es still. Ich bin froh, dass ich einen Moment habe. Eine Art Idyll geht von diesem Zimmer aus. Die Sonne am Vormittag, und nachmittags ist es kühler, ich finde das gut. Es ist ein gutes Zimmer, eines unserer Besten. Eine kleine Wiese, ich würde nicht Garten sagen, wie es die Heimleitung Krones anpreist, nein, Garten ist es keiner, aber ein Stückchen Wiese zum Rausgehen und ein guter Platz zum Raussehen, wer kommt, wer geht, das geht sich hier aus, den Haupteingang direkt vor der Schnauze. Gleich kommt Maria zurück. Ich weiß nicht, wie sie aussehen wird. Wir mussten sie schicken, ich musste sie schicken, was blieb mir sonst? Schon in der Ausbildung, am ersten Tag, quasi als Begrüßung, haben die Lehrer gesagt, man steht in diesem Beruf mit einem Bein im Gefängnis. Na, dann haben wir Fressen gezogen. Sie haben recht gehabt, ich fühle mich wie im Knast. Ich will nicht zu denken beginnen, was alles möglich ist, sie zeigen es uns. Blöd muss man sein, es nicht zu wissen, saublöd. Alles kann jederzeit geschehen. Wie lange bin ich hier? 7, 8 Jahre, keine Ahnung, 14 im Beruf, ungefähr, bald 15. Ich könnte gehen, mich rausschneiden, dann ist es bald, als wäre ich nie hier gewesen. Für wen tue ich mir das an?

Die anderen Heime sind auch nicht besser als der Sonnenhof, das glaube ich nicht. Ich kenn das ja schon, ist mein viertes. Nirgends war ich länger als hier. Neue

Kollegen, neue Chefleute, neue Patienten, ein ganz anderes Setting, das turnt mich wenig an. Überall dasselbe. Noch mehr Dienste, noch mehr Waschen, diese Katastrophen, wenn jemand in der Früh fehlt, allein heute, vermutlich habe ich deshalb bei Reiterer geschlampt, stehe jetzt hier und fühle mich schuldig, weil die Zeit vergeht, als stünde jemand mit einer Peitsche hinter mir, Galopp, Galopp, Pauli!, irgendwas ist immer, Wochenende nachbesetzen, in Unterzahl in den Kampf ziehen. Einspringen, einspringen, einspringen, rumspringen, schleichen, immer mehr schleichen, mich nachziehen. Zu welchem Ort habe ich so eine Verbindung wie zu diesem hier? So viele Menschen sind gegangen und gekommen. Hier habe ich eine Bedeutung. Wer soll sich kümmern? Wer bringt das Frühstück, wer weckt sie auf, wer lässt sie schlafen, wer putzt die Scheiße?

Zwei Dinge sind völlig normal. Nacktheit und Nähe. Vielleicht sogar körperliche Nähe. Der August Reiterer führt einem das vor Augen, der hat keinen Genierer. Nackt mit seinem Rollstuhl durch die Gänge fahren, keine Seltenheit, weil ihm plötzlich eingeschossen ist, dass er was braucht, ein Duschgel, einen Rasierer, was auch immer. Mir tut er fast leid, wie er die letzten Tage beinand ist. Leiden, das kann er gut. Eine Männersache, hat Vanessa heute gescherzt, wie mein Freund zuhause, der hängt auch gleich da, meinte sie. Vanessa steht noch ein Praktikum in der Klinik bevor, dann ist sie fertig mit der Ausbildung, zu uns ins Pflegeheim Sonnenhof will sie nicht, schade, sie stellt sich gut an. Paul bist du auch so, haben sie gefragt, bestimmt bist du so, alle Männer sind gleich, haben sie gelacht. Ich habe gelogen, bei Nacktheit und Nähe hört es nicht auf, da fängt es an. Krankheit, das Alter, ich sehe es kaum, es verschwindet in ihren Falten, in einem Pflegeheim ist alles unter einem anderen Stern. Unter einem Schleier, den man riechen kann. Eine Mischung aus Kölnisch Wasser, Pitralon und Schweiß. Scheiße riecht man kaum noch, ist nicht so schlimm, gewöhnt man sich dran. Außer, wenn man sich wie beim Reiterer mit Stuhl beschmiert. Warum muss der auch so herumwedeln, ja, er ist es nicht gewöhnt und sowieso in allem, was er macht, eigen. Merkwürdig ist sein zweiter Vorname. Ekelhaft, habe ich gesagt, und noch einmal, ekelhaft, ich musste das kurz raus lassen, tut mir auch leid, er ist ja krank. Ich muss zugeben, ich war schroff. Aber eine Spur Scheiße am Unterarm triggert mich nun mal. Ausscheidung ist das Normalste auf der Welt, sagt man, sagen Leute, die nicht damit herumhantieren müssen. Zu putzen, frisch zu machen, ist nichts Besonderes, gehört gemacht, es hilft ja nichts. Aber am Unterarm eine schmierige braune Spur, ich könnte kotzen. Da kannst schon mal sehen, wie du dir fast die Haut abreibst, da weiß man wieder, wie grauslig das sein kann. Mein Gott Gustl, halt mal still verdammt, habe ich gesagt, tut mir eh leid. Man muss Pflegen als eine Arbeitsleistung sehen. Würgen hätte ich ihn können. Ich war kurz davor, ihn anzuschreien. Meine Sicherungen sind am Durchbrennen. Erschrocken hat er sich, das habe ich ihm angesehen, ist er nicht gewöhnt von mir.

Maria hats da schon besser getroffen, ich kann mir beim besten Willen nicht vorstellen, dass sich beim Sterben der Tag noch nach den Stunden misst. Da übernimmt der Tod, oder wer auch immer, da ist alles anders. Am Ende wars auch nur ein Leben, ob 10 Jahre im Pflegeheim im Rolli geschoben werden oder nicht, am Ende ist alles ein Leben lang geschehen, vorbei ist es, das ist fair. Im Koma liegen, das muss eine Katastrophe sein, alles mitbekommen dabei, wie bei *Schmetterling und Taucherglocken*. Ich habe nur den Film gesehen und der war verdammt traurig, aber gut, richtig gut. Das denke ich mir, beim Pflegen muss man immer davon ausgehen, dass die Patienten alles mitbekommen, egal wie weit weg sie scheinen. Die werden sich denken, was für Idioten, oder, oh mein Gott nicht schon wieder der Achselschweißpfleger, oder die Mundgeruchpflegerin, der Grobian oder die Ängstliche, die Flotte, der Stümper. Vielleicht werden sie von ihren Lieblingen am Leben gehalten, man kann es sich nicht vorstellen. Einfach nur irre, rein- und rausgehen aus dem Zimmer, immer wieder rein und raus aus den Situationen. Wie Szenen, die Regie ist absolut von Sinnen, sollte mal auf Borderline getestet werden. Springt von Szene zu Szene, Schnitt, Schnitt, Schnitt, weiter geht's, immer weiter geht's. Ich will schlafen. Ich habe Hunger, nein, ich will Süßes, ich hoffe, die haben nicht schon wieder nur die Merci übrig gelassen, kann ja kein Mensch mehr sehen, ein kleines Dankeschön gefällig, brauch ich nicht, sollen das gute Zeug bringen. Merci, da bekomm ich Krämpfe, fressen tue ich es zur Not doch, nur nicht Marzipan, doch auch. Wann kommen die? Hat geheißen sind gleich da.

Marias Kalender, der ist stehen geblieben. 2019, sie hat noch keinen für dieses Jahr. Die Zeit ist nicht zimperlich, nicht diskret, sie macht einfach weiter. Die Fernsehzeitschrift, die gibt's auch nur mehr für die Alten hier. Sie hat einiges markiert, der ist ja Tag und Nacht gelaufen bei ihr, die ganze Zeit. Eiszapfenzuckerl, die hat sie gern, ich nehme eines, wer weiß das schon. Zerbeiße es wie früher. Noch eines, einmal auf den Geschmack gekommen, kann man nicht mehr aufhören. Ihre Pumperl, die könnt ich bereitlegen, bevor ich gar nichts mache, als blöd herumzustehen, wird sie vielleicht noch brauchen, wenn's wieder eng wird mit der Luft.

Therapie am Lebensende, fuck, wie oft hatte ich diese Diskussion schon. Jeder scheißt sich an. Wie viele sind hier schon gestorben? Sinnlos! Wie oft habe ich das schon erlebt, immer dasselbe Blabla, aus der Verantwortung stehlen ist das, sonst nichts. Ich halte den Dreck nicht mehr aus, lassen wir sie doch in Ruhe, nur ein paar Tage muss man aushalten, die Schmerzspritzen geben, aber man hat ja das Gefühl, sie umzubringen, wenn man ihnen was gegen die Schmerzen spritzt, etwas, das sie schlafen lässt. Davon bekommen sie eine Atemdepression, da muss man aufpassen, was zum Teufel. Stimmt schon, aber vom Zusehen und Abwarten wird's auch nicht besser, davon bekomm ich eine

Depression, die sich gewaschen hat, bald ist's so weit, mich trifft der Schlag. Sinnlos, rauszögern und sich unschuldig vorkommen, weil ich die Tür zu machen kann, nach Hause gehen kann, zack, einen Schnitt setzen, einen scharfen Schnitt, ich bin draußen, ich bin zuhause, und das soll auch ein Zuhause sein, hier drin, wo sie sind, beim nächsten Dienst, nach ein paar freien Tagen, ist Maria vielleicht schon weg. Irgendwer sagt immer, wer weiß, vielleicht darappelt sie sich noch, ja bestimmt, darappeln, für was? Für einen Kaffee und eine Kugel Vanilleeis, für einmal in der Sonne sitzen, mit uns, mit mir? Sitzt niemand an deinem Bett wenn du stirbst, hast du verloren. Ich erinnere mich weniger an Namen, mehr an Gesichter, oft nicht mal das.

Wir müssen uns absichern. Das Krankenhaus braucht's, sie müssen uns sagen, dass es nichts mehr zu tun gibt, Frau Dr. Langes hat das auch bei der Visite gesagt, Lydia auch, und wenn das von denen beiden kommt, ist das so, die Pflegedienstleitung hat angewiesen, und ich bin nun mal im Dienst gewesen, was sollte ich tun? Wäre sie gestorben, hätte ich wiederbeleben müssen, ja müssen. Zum Üben nicht schlecht, hat mal ein Sani gesagt. Pumpen, ganz einfach, das muss man machen. Gepäppelt hat sie die Frau, die zarte kleine, zum Glück blieb sie tot, zum Glück, wer weiß, wie es sie hergerichtet hätte, das Wiederbeleben. Maria, kann jetzt sterben, das ist wichtig, es hat seine Ordnung. Wir können offiziell nichts mehr machen, gar nichts mehr, und das macht es leichter. Aus dem Weg gehen, ist das Beste, was man tun kann. Am Ende zählt nichts mehr als Ruhe und ein Gegenstand mit persönlichem Wert in der Nähe, den Rest kannst gleich einäschern, egal, alles egal, wenn du niemanden hast, der neben dir sitzt, hast du wohl verloren. Keine Kinder, der Mann früh gestorben, nichts Neues gefunden, gearbeitet hat sie brav, fleißig war sie, reich ist sie nicht.

Die Leute waren zuhause, in ihrer Welt, hier sind sie aus dem Kübel des Lebens ausgeleert worden. Zusammengemischt wie Plastilin. Am Ende kommt immer Braun oder Grau raus.

Geht ja nur um die freien Betten, das können wir uns nicht leisten, Vollauslastung, immer wieder die Vollauslastung, nachbesetzen. Die Chefin, die Krones hat selbst gesagt, sie kennt keinen Menschen, der Herz und Hirn im Spint ablegen kann, das waren ihre Worte. Genial, und jetzt? Was soll ich mit der Scheiße? Soll ich reflektieren? Gerannt bin ich, ein Läufer war ich, ein flotter Pfleger, ein Systemerhalter, und jetzt? Die schnellen Turnschuhe passen mir nicht mehr, meine Füße sind zu fett geworden, habe nicht gewusst, dass das möglich ist, muss so sein, ich komm ja gar nicht mehr weiter, selbst wenn ich möchte, es geht nicht, alles mühsam geworden. Ich habe den Absprung verpasst, ich hätte gehen sollen, mit der letzten Kündigungswelle mitschwimmen. Die Gegenwart begleitet dich das ganze Leben, ganz einfach, die Zukunft flüchtet vor einem, kommst nicht hinterher, sie ist immer schneller. Und die Vergangenheit, die ist dauernd präsent, ich brauch mich ja nur umsehen, ihr Mann, Franzerl, hat sie zu ihm gesagt, sie denkt jeden Tag an ihn, aber weniger als früher, das hat sie manchmal gesagt, früh ist er gestorben, da hat sich auch alles für sie geändert. Unfall oder so, ich weiß nicht genau.

Die Rettung fährt ein.

Ich mache die Tür auf, schaue auf den Gang. Warte bis sie ums Eck kommen. Die Rettungsleute sind immer zu zweit, manchmal zu dritt, eine junge Frau ist dabei, sie hat das Sagen, das merke ich, und ein Typ, in meinem Alter, der Fahrer. Routine-Aktion, von Abholen bis zum Zurückbringen. Ich habe gesagt, es hilft nichts, Maria, sie bringen dich rein, ins Krankenhaus rein. Ich will nicht, hat sie gesagt, sehr leise gesagt, aber nicht geflüstert, ich meinte, es hilft nichts.

Hier rein, das ist ihr Zimmer, sage ich, als sie am Gang zu sehen sind. Ein paar der anwesenden Bewohner sehen dem Klappern nach. Marias Haare, feucht und eingekringelt. Hallo Frau Neuherz, sage ich, fasse ihr an die Schulter. Wohl sediert. Keine Überraschung. Vielleicht kommt was durch zu ihr. Wir heben sie rüber. Ihr wahrer Platz in dieser Welt möge wo anders liegen, hoffentlich. Der Sonnenhof, dieses Zimmer ist der bessere Ort, ihr Zuhause. Wir stehen eine Weile. Ich sehe sie an, keiner sagt was. Ich schalte den Sauerstoff an, den braucht sie. Das Blubbern gerät in die Stille, 2 Liter permanent, das ist wichtig. Ich hänge ihr die Nasenbrille um, lege den Plastikschlauch um ihre Ohren. Die Krankenbarre macht einen metallischen Schnapper. Den Stempel brauchen wir noch, sagt der Fahrer. Den gibt's vorne, sage ich. Die Unterlagen, sagt die Frau und streckt mir ein Kuvert entgegen. Danke, tschau, einen ruhigen Dienst noch, sage ich. Ja, bestimmt, lacht die Frau.

Abgekämpft sieht sie aus, hager, ihre Wangen, eingefallen, ihre Hautfarbe bleich, der Körper wie eingewachst, gebleicht und gewachst. Sieht tot und gleichzeitig unsterblich aus. Essen, Trinken, wir werden sehen, kann ich mir nicht vorstellen.

Hallo Maria, da bist du wieder, denke ich. Ich bin still und gehe mit dem Kuvert hinaus. Ich melde sie im System zurück, sodass wir eintragen und abhaken können. Frau Neuherz ist zurück im Sonnenhof. Die Welt interessiert sich nicht im Geringsten für uns zwei. Ich bin sowas von am Arsch, das ändert nichts, dann muss ich gehen, aber wohin, was soll ich tun? Als ob es irgendwo besser wäre. Ins Krankenhaus gehe ich ums Verrecken nicht, hier kenne ich alles. Und sie im Bett, und sie im Bett … es bringt nichts. Maria Neuherz ist Wachs, zusammengeflossenes Wachs. Docht kann ich keinen ausmachen. Das Leben benötigt ein Ende, ganz sicher, was ist es sonst, wenn es kein Ende hat, was? In meiner Dunkelheit flüstert eine Stimme, die sie erlösen möchte, mach was, sagt sie, tu was. Wir brauchen eine andere Matratze, ansonsten liegt sie sich wund, das geht schneller als man glaubt, kachektisch wie sie ist.

Lydia hat eine Unterredung mit Frau Dr. Langes. Ist die extra für Frau Neuherz gekommen? Da schau ich aber. Lydia sieht mich an, sagt: "Jetzt haben wir die ersten Fälle in der Steiermark." Frau Neuherz ist zurück, sage ich. Und?, fragt Lydia. Hautkontrolle muss ich noch machen. Ich lass sie aber mal ankommen. Soll ich sie mir ansehen?, fragt Frau Doktor Langes. Kopieren sie mir die Befunde, geändert hat sich ja nicht viel. Palliativ ist sie, sage ich. Die beiden schauen sich an. Wir können nur hoffen, dass sich das beim Reiterer nicht bestätigt. Wir können nur hoffen. Sonst was? Keine Ahnung.

Später.

Den Gustl Reiterer, dem geht's auch nicht gut. Lydia kommt. Der Reiterer, den isolieren wir. Zur Sicherheit, Paul. Was soll ich tun? Nur mehr mit Maske rein. Haben wir noch welche? Ein paar OP-Masken müssen da sein. Und Mäntel? Ja, die wir beim Noro-Virus angehabt haben. Sag das Wort nicht, sonst laufe ich davon. Wir quälen uns ein Lächeln herbei. Wird schon nicht so schlimm werden. Positiv denken, Paul. Jammern hilft auch nichts. Schwarzmalen auch nicht.

Am Ende des Lebens muss es was anderes geben als den Sonnenhof. Aber das tut es nicht, nicht für sie, die hier sind, außer wir müssen sie schicken. Jeder will ein Zuhause. Heimatlosigkeit ist ein unerträglicher Zustand. Ein Heim, ein Pflegeheim, ist ein friedlicher wie gruseliger Ort. Ich will jeden Tag zu mir nach Hause, einfach nur zu mir, Tür zu und aus. Ich muss aufhören, sofort, das wäre das einzig Richtige. Das Einzige mit Verstand, aber den habe ich schon verloren. Das ist mein Leben, ich bin nun mal Pfleger. Einmal wieder so naiv sein wie am Anfang. Ein Frischling, mit dem man alles machen konnte. Wann habe ich schon mal protestiert, niemals habe ich das getan. Mit Abendessen haben wir teilweise um 15:30 in den Zimmern begonnen, ging nicht anders. Niemand hat was gesagt. Egal, alles egal, solange niemand draufkommt. Wissen tun es eh alle. Zum Glück ist das vorbei.

Wäre Maria gestorben, hätte sie es hinter sich. Wäre es Nacht gewesen, ein paar Stunden alleine, dann ... Traut sich ja keiner sagen, niemand. Ist aber so. Jetzt geht's halt bei uns weiter, ein bisschen zumindest. Wie oft habe ich das schon miterlebt, das ewige Ausrollen, ein zäher Teig, ohne Substanz, immer dünner und latschiger. Am Ende fährt aber auch da die Klinge durch. Schnitt.

Zita Bereuter, Claudia Czesch

Foto: Ute Hölzl

Zita Bereuter, geb. 1973 in Egg/Vorarlberg. Seit 2001 bei FM4, u.a. Leiterin der Literaturabteilung, Organisatorin von Wortlaut und Betreiberin der FM4-Bücherei. Rezensiert für FM4 und Ö1. Moderationen für 3sat.

Claudia Czesch, geb. 1967 in Wien, arbeitet seit 1995 bei ihrem Lieblingssender FM4. Sie ist Redakteurin und stellvertretende Senderchefin.